나는 인생을 건 공부를 시작했다

나는 인생을 건
공부를 시작했다

이한나(츄발라) 지음

우리는 아직 늦지 않았다

나는 소위 말하는 SKY(서울대, 고려대, 연세대)를 졸업하지 않았다. 아니 못했다. 그래서 감사하다. SKY를 졸업한 것이 아니기에 이런 말을 할 수 있다. 내가 그 대학을 나왔다면 과연 지금부터 하는 말에 힘이 실릴 수 있었을까?

물론 환경과 상황을 완전히 배제할 수는 없다. 더 좋은 조건에서 공부할 수 있다면 그렇지 못한 사람보다 수월한 것은 사실이다. 그러나 그 노력을 폄하하는 것은 곤란하다. 설령 부모의 전폭적인 지원과 정보력으로 SKY에 들어간 것처럼 보이는 사람일지라도, 스스로 노력하지 않았다면 불가능했을 것이다.

그렇다면 원하는 대학이나 직장에 가지 못했다고 해서, 시험에 떨어졌다고 해서 인생이 끝난 것일까? 결코 그렇지 않다. 명문대를 졸업하면 사회에서 첫걸음을 뗄 때 좋은 엔진을 장착한 것과 같다. 그러나 세상은 단순히 대학 간판만으로 승자와 패자를 가르지 않는다.

고등학교 졸업이면 어떤가, 전문대나 유명하지 않은 대학교를 졸업했으면 어떤가. 이미 벌어진 일이다. 지금부터 시작이다. 이긴 레이스에서 성취하려면 멈추면 안 된다. 이때부터는 자신을 냉정하게 평가해야 한다.

외모로 먹고살 수 있는 수준인가? 아니다.

신체 조건이나 목소리가 특별하거나 타고났는가? 아니다.

특정 분야에서 전문성을 가질 만한 능력 또는 재능이 있는가? 아니다.

나는 그랬다. 나를 발전시키기 위한 가장 쉬운 방법은 '공부'였다. 한국에서 대학을 졸업하고, 독일 유학을 떠나는 내게 누군가 독일 의대는 들어가기 쉽다고 했다. 맞다, 한국보단 수월했다. 그런데 입학하고 나니, 졸업하긴 어려울 것이라고 했다. 설령 졸업하고 독일 의사가 되어도 한국으로 돌아와 한국에서 의사가 되긴 어려울 것이라고도 했다.

응원이었을까, 비아냥이었을까? 상관없었다. 나는 내가 하면 된다고 믿었다. 결국 나는 했고, 의사가 됐다. 모두 끝내고 나니까 남들보다 10년이 늦었다. 하지만 괜찮았다. 내 시간 속에서 난 아직 늦지 않았기 때문이다.

내가 그러했듯, 당신도 마찬가지다. 지금 공부로 인생의 반전을 꿈꾸고 있다면 쉼 없이 목표를 향해 달리면 된다. 될 때까지, 이루어 낼 때까지 주변을 돌아보며 타인과 자신을 비교하느라 자존감을 무너뜨릴 필요 없다. 롤러코스터를 타면 내릴 때까지 안전바가 풀리지 않는 것처럼, 마지막 순간까지 마음의 안전바를 단단히 채우자.

분야는 달라도 우린 매 순간 공부와 함께하는 삶을 산다. 그것이 수능이건, 공무원 시험이건, 자격증 시험이건, 시험만 끝나면 공부와 담을 쌓아도 될 것 같지만 착각이다. 그래서 공부를 잘한다고 꼭 성공하는 것이 아니라는 말도 새빨간 거짓말이다.

떡볶이를 팔아도 떡볶이를 만드는 방법을 공부해야 하고, 하루에 한 잔 반드시 마시게 되는 커피도 팔려면 공부를 해야 한다. 이처럼 인생에서 공부가 필요하지 않은 순간은 없다.

나는 인생을 건 공부를 시작했다

실패와 성공을 거듭하며 내가 나만의 공부법을 찾을 수 있었듯이, 책상 앞에 앉아 있는 시간이 성적과 비례한다고 착각하는 누군가도 자신만의 공부법을 찾도록 도와주고 싶었다. 남을 모방하는 것이 아니라 자신만의 공부법을 찾아야 한다. 물론 쉽지 않다. 수많은 실패를 마주해야 한다. 그게 언제쯤이냐고? 버티면 된다. 계속 버티면 어느 순간 꿈꿔온 나를 현실에서 볼 수 있다.

대신 조건이 있다. 자신의 실패가 사회 탓이라고 생각하는 사람, 가정환경 탓이라고 생각하는 사람, 뭘 해도 안 된다고 생각하는 사람, 자신이 피해자라고 생각하는 사람은 이 책을 읽지 않길 바란다. 실패의 원인을 자신에게 찾지 않고 남의 탓을 하는 사람은 스스로 달라지기 어려워서다.

달라질 준비가 되었다면, 실패할 수 있다는 걱정은 접어두자. 내가 이룬 것을 당신이 이루지 못한다는 법은 없다. 이 책의 마지막 페이지를 덮는 순간, 내가 어떻게 공부해서 의사가 되었는지가 아닌 당신만의 공부법을 찾길 바란다.

이한나

목차

4장
여전할 것인가 역전할 것인가: 멘탈 관리

5장
다시 한 번 뜨겁게: 동기 부여

1장

노력의 배신에 익숙해지자

: 기본값 설정

1

당신만 몰랐던
노력의 배신 바로잡기

어려서부터 그림 그리기를 가장 좋아했던 나는 초등학교 때 상도 제법 많이 받았다. 그런데 속셈학원에 다니면서 그림 외에도 또 다른 재미있는 공부가 있다는 것을 알게 됐다. 초등 시절 시험을 보면 수학은 늘 만점을 받았다.

"이번 시험에서 90점 넘으면 새 운동화 사줄게."

엄마의 칭찬은 늘 좋았다. 더불어 적절한 포상은 공부해야겠다는 동기를 유발하기 충분했다. 공부에 기울이는 노력만큼 만족스러운 성적이 나오는 일은 어린 내게 작은 성공이었고, 반복될수록 습관이 되어 자존감도 커졌다. 어른이 된 지금은 알고 있다. 기울인 노력에 반드시 응답을 받는 일이 얼마나 멋지고 신나는 일인지.

그러나 중학교 1학년 때 나의 실력을 뼈아프게 깨닫는 사건이 생겼다. 중학생이 되어서야 영어를 처음 접한 내가 받아쓰기에서 'will'을 'well'로 적은 것이다. 실수가 아니었다. 정말 몰랐다. 지금이야 웃어넘길 수 있지만, 친구들과의 실력 차이를 분명하게 느꼈던 당시에는 큰 충격으로 다가왔다.

영어 선생님은 모두가 보는 앞에서 나를 지적하셨다. 순간, 아이들의 시선이 모두 내게 쏠렸다. 어려운 것을 틀렸다면 그렇게 부끄럽지 않았을 것이다. 친구들 앞에서 지적당하며 웃음거리가 될 만큼 기초적인 문제였다. 그것이 내 실력이라는 사실이 부끄러웠다.

"엄마! 나, 영어 가르쳐 줘!"

집으로 돌아온 나는 무작정 이렇게 외쳤다. 나와 엄마는 학원만 다니면 해결이 되는 줄 알았고, 엄마는 망설임 없이 영어 학원을 등록해 주셨다. 하지만 뭔가 이상했다. 아무리 공부해도 영어 성적이 오르지 않았다.

학원만으로는 부족한 것일까? 영어를 잘하는 친구들을 보니,

학원을 다니면서 과외를 받고 있었다. 나도 학원을 끊고 영어 과외를 받기 시작했다. 하지 않으면 죽을 것처럼 단어와 문법을 외우고 이해하며 파고들었다. 조금만 더 하면, 이것 하나만 더 외우면 영어 성적을 올릴 수 있을 거라 생각했다.

그러나 영어를 향한 나의 노력은 실패였다. 중학교 3학년까지, 바닥에 본드로 붙여 놓은 것처럼 영어 성적은 오르지 않았다. 노력의 완벽한 배신이었다. 그래도 첫 번째 겪은 노력의 배신은 귀여운 축에 속했다.

불합격이 남기고 간 것

삶의 전체를 놓고 본다면 수능은 명백히 인생의 전부가 될 수 없다. 하지만 학창 시절만을 두고 본다면 아니라고 말할 수 없다. 한 학생의 12년간의 노력이 대학 간판으로 평가된다는 것이 불만이지만 어찌겠는가. 내가 더 바람직한 세상으로 만들기 위해서라도 당장은 이런 현실을 딛고 일어서야 한다.

엄마는 중학생인 내게 늘 이렇게 말씀하셨다.

"상고 말고 인문계 고등학교는 가야 된다."

아마도 상업 고등학교는 졸업 후 취업하겠다는 목적이 크고, 인문계 고등학교는 대학 진학을 바라는 학생들의 선택지였기 때문인 것 같다.

영어 점수는 여전히 만족스럽지 않았고 상위권 성적은 아니었지만, 고등학교 입학을 준비하며 공부에 대한 자신감이 붙기 시작했다. 본격적으로 성적이 향상된 것은 고등학교 2학년부터다. 눈에 띄게 성적이 달라지자 여기저기 칭찬이 들려왔다. 아직 공부법에 대해 잘 몰랐던 고1 때와 확연히 달라진 내 성적에 모두 칭찬을 아끼지 않았다. 당시 전 과목 평균이 94점 정도였는데, 기대와 달리 만점을 받지 못하고 한두 문제라도 틀리면 집에 돌아와 혼자 울 정도로 승부욕이 강했다.

노력한 만큼 성적이 나오자, 어느 순간에는 시험이 기다려지는 기이한 경험을 하기도 했다. 대부분의 사람들은 학생이 시험을 즐거운 마음으로 기다린다는 것이 쉽게 이해되지 않을 것이다. 하지만 정해진 시험 범위를 확신이 들 정도로 충분히 공부하자, 실력을 검증하는 과정인 시험이 기대되기 시작했다.

그렇게 공부를 조금은 즐기며 했던 나에게도 다른 학생들처럼 미래를 결정지을 '그날'이 다가오고 있었다. 학생이 공부해야 할 유일무이하고 궁극적인 목표라고 할 수 있는 수능이었다.

나는 인생을 건 공부를 시작했다

대학 진학은 정시와 수시, 두 개의 큰 길이 있다. 정시는 '대학 수학능력시험(수능) 성적'을 기준으로, 수시는 '고교 재학 중 내신 성적'을 기준으로 한다. 이때 내신에는 단순히 교내 시험 성적뿐만 아니라, 학생의 재학 중 활동 기록과 인성까지도 살필 수 있는 생활기록부도 반영된다.

고3이 된 나에게도 드디어 '수시 1차' 지원의 기회가 다가왔다. 나는 정시인 수능을 보지 않고도 대학에 갈 수 있는 내신 성적을 유지하고 있으므로 크게 걱정하지 않았다. 반에서 공부 좀 한다는 내 친구들은 연세대와 고려대를 지원했다. 나의 목표는 연세대였다. 하지만 결과는 참패였다. 연세대는 수시에서 고1과 고2의 성적을 50:50으로 반영했는데, 고2부터 성적이 좋았던 나는 보기 좋게 낙방하고 말았다.

"공부 잘한다더니 떨어졌어?"

"걔 떨어졌대."

노력의 배신이었을까, 수시 전형을 제대로 숙지하지 못한 나의 실수였을까? 당시 그 이유가 무엇이었든 노력의 배신으로밖에 생각되지 않았다.

나를 향한 불편한 시선들이 느껴졌다. 불합격이라는 결과 앞에서 '공부 잘하는 애'라는 칭찬이 오히려 독이 되었다. 실패한 것도 서러운데, 노력과 열정이 부족한 것으로 치부되는 것만 같아 힘들었다.

하지만 그보다 더 힘든 것은 열등감이었다. 열등감이 들 때면 반드시 노력해서 극복하고야 말았는데 현실을 받아들이기 쉽지 않았다. 더구나 친구들은 모두 바라던 대학에 합격한 상황이었다. 합격자 친구들 틈에서 홀로 불합격자가 된 나의 머릿속엔 '패배자'라는 단어만 맴돌았다. 인생의 가장 중요한 순간에 겪은 실패이자 노력의 배신이었다.

노력의 배신에 반전이 숨어 있다

원하던 대학에 불합격한 것이 과연 내 인생의 마지막 실패였을까? 결코 그렇지 않다. 나는 이후로도 몇 번이나 패배자가 되었고, 열등감에 사로잡혀 몸살을 앓았다. 급기야 나는 원하던 대학에 합격한 친구에게 인간관계 정리까지 당했다. 수시에 떨어진 내가 정시로 세종대학교 생명공학과에 합격하자, 자신과 격이 맞지 않다는 이유에서였다.

그래서 세종대 진학을 후회했냐고? 그 대학이 싫었냐고? 기대

나는 인생을 건 공부를 시작했다

이상으로 좋았다. 몸에 잘 맞는 옷을 입은 것처럼 수업 내용은 흥미로웠고, 공부한 만큼 학점도 잘 나왔다. 하루하루 즐거웠던 나는 엄마에게 이렇게 말하기도 했다.

"엄마, 나 스펀지 같아. 배운 걸 빨아들이고 있어."

하지만 일방적으로 관계를 정리당하며 생긴 열등감이 내 안에서 점점 자라고 있었다. 내 학벌이 그 친구로부터 정리당할 사유는 분명히 아니었지만, 다시는 사람들에게 무시나 차별받고 싶지 않았다. 열등감을 해결할 수 있는 방법은 그 감정을 연료로 사용하는 길밖에 없었다.

어떤 이들은 필요한 공부를 하는 것이 중요하지, 대학 간판이 뭐가 그렇게 중요하고 대단하냐고 말하기도 한다. 물론 특별한 재능이 있거나, 오히려 꿈을 펼치는데 대학 생활이 제약이 되고 시간 낭비가 되는 경우도 있다. 하지만 그러한 경우를 제외하고 지극히 평범한 학생의 경우는 이야기가 다르다.

지방에 사는 당신이, 집과 거리가 가까운 지방대 의대와 홀로 서울에서 비싼 월세를 감당하며 다녀야 하는 서울대 의대 2곳에 합격했다. 어디를 선택할 것인가? 나는 당신이 아니지만, 이미 당신의 선택을 알고 있다. 설령 내 예상과 다른 선택을 했다고 한들 가족과 친구들의 "너 진심이니?"라는 말에 흔들리지 않을 자신이 있나?

대학뿐만이 아니다. 서울에 사는 당신이, 수원에 있는 삼성전자와 집 근처의 중소기업에 합격한 후 중소기업을 선택했다고 하자.

"삼성이 아니라 중소기업에 간다고? 왜?"

"응, 집이랑 가까워서."

이 대답에 납득할 사람은 과연 몇 명이나 될까? 그래도 당신의 소신이 그렇다면 할 말은 없다. 그 소신이 잘못되었다고 절대 말할 수 없으며, 오히려 응원한다. 모두가 A라고 말하는데, 홀로 B라고 말하며 소신을 밝히는 당당함을 어떻게 응원하지 않을 수 있나. 틀린 선택이 아니라, 다른 선택을 했을 뿐이다.

잘못은 학벌로 사람을 평가하는 사회에 있다. 살아가면서 누구를 내 곁에 두어야 할지 말아야 할지 판단하는 것은 당연한 일이지만, 그 기준이 학벌이 되는 것은 옳지 않다. 그런데 편견으로 가득한 세상을 바꾸려면 내가 주도자가 되어야만 한다. 그들이 생각하는 성공한 위치에서 편견 없이 세상을 바라보면 된다.

나는 이대로 안주하지 않고 달라지기 위해 치열하게 고민하기 시작했다. 그 결론은 대학 졸업 후, 의학전문대학원(이하 의전원)에 진학하여 의사가 되는 것이었다. 하지만 노력을 기울였음에도 뜻대로 되지 않았다. 준비 기간이 짧았기 때문에 결과를 어느 정도 예상은 하고 있었지만, 막상 낙방하고 보니 용납이 되지 않았다. 물론 나 자신을 향한 '원망'이고 '탓'이었다.

극도의 스트레스는 나를 점점 망가트렸다. 실망과 슬픔으로 눈물이 멈추지 않은 것은 물론이고, 평정심을 유지하기조차 쉽지 않았다. 술에 취해 인사불성이 되는 날이 많아졌고, 맨 정신에도 서럽게 울다 기어이 벽에 머리를 짓찧기도 했다. 당시에는 몰랐지만 시간이 지나 상황이 정리된 후 깨달았다. 내가 힘든 것 이상으로 부모님 또한 괴롭고 힘드셨다는 사실을.

다시 도전해볼까 고민도 했지만, 한편으로는 이 상황에서 완전히 벗어나 새롭게 시작하고 싶다는 생각이 간절하게 들었다. 도피 유학이라고 비난해도 상관없었다.

"아빠, 저 독일로 유학 가고 싶어요"

"차라리 의전원 재수를 하는 게 어떻겠니?"

아빠가 사업을 오래 하셨기에 경제적으로 굴곡이 많았는데, 하필이면 아빠의 사업이 다시 어려워졌을 때였다. 아빠는 내게 경제적 부담이 크고, 홀로 외국 타지에서 생활해야 하는 유학보다 재수가 어떻겠느냐고 권유하셨다.

목표를 정하면 직진하는 성격의 내가 받아들일 리 없었다. 우여곡절 끝에 유학길에 오를 수 있었고, 시간이 지난 지금 나는 결국 목표를 이루었다. 지나온 삶을 돌아볼 여유가 생긴 지금, 문득 보이는 것들이 있다. 만약 내가 그때 실패를 받아들이고 주어진 삶을 살았다면 어떻게 되었을까?

세상에는 두 부류의 사람이 있다. 주어진 삶을 마주하고 원하는 방향으로 이끌어가는 사람과 그 삶을 받아들이며 살아가는 사람. 삶의 주인인 우리는 이끌면서 살아가는 것이 당연하지 않을까? 그러기 위해서는 실패를 딛고 일어서야 한다. 실패는 자신의 한계를 깨닫게 되는 중요한 계기이자, 새로운 목표를 향해 나아갈 기회이기 때문이다.

이 책을 읽는 당신도 자신의 지난 시간을 곰곰이 돌아보길 바란다. 노력의 배신으로 실패했을 때 좌절을 딛고 일어섰는지, 실패를 받아들이고 거기서 안주했는지를.

나는 앞으로도 많은 실패를 겪을 것이다. 당신도 그렇다. 우리의 노력이 실패라는 배신으로 돌아올 때 쓰러져 울기만 할지, 다시 딛고 일어나 "감히 너 따위가 배신을!"이라고 외치며 입술을 깨물지 선택하자.

노력의 배신은 분명 새로운 기회다. 지금 웃는 사람이 아닌, 마지막에 웃는 사람이 되자. 나는 사회적 지위나 경제적 위치, 학벌

나는 인생을 건 공부를 시작했다

로 사람을 차별하지 않는다. 다만, 내 주변에 절대 가까이 두지 않는 사람이 있다. 바로 노력이 배신했다고 울며불며 "이게 내 한계야" 하며 그대로 주저앉는 사람들이다. 그렇다고 맹목적인 노력은 하지 말자. 나는 당신이 이 책을 통해 노력의 질을 높이고, 배신의 달인인 노력을 정복할 수 있는 사람이 되길 진심으로 바란다.

2

나의 한계,
임계점을 파악하라

독일에서의 유학 생활은 그리 수월하지 않았다. 의사가 되기 위한 과정이 어려운 것은 어느 나라나 마찬가지겠지만, 유학의 경우에는 넘어야 할 고비가 몇 가지 더 있다. 기본적으로 외국어를 단시간 내에 익혀야 한다. 또한 인종 차별로 인한 서러움과, 가족이나 친구들과 떨어져 살면서 느끼는 외로움을 이겨내야 한다.

독일 유학 시절, 본과 병원 수업으로 세미나가 있는 날이었다. 할 수 있는 최선의 준비로 예습을 하기 위해 아침 일찍 집을 나섰다. 병원이 가까워졌을 무렵, 어디선가 "우우~" 하는 야유가 들려

나는 인생을 건 공부를 시작했다

왔다. 휠체어에 타고 있는 남성과 휠체어를 밀고 있는 남성은 이유도 없이 나를 보며 키득거렸다. 독일에 머무르는 동안 인종 차별을 하루 이틀 겪은 것도 아니었고, 그런 일에 일일이 대꾸하기에는 해야 할 중요한 일들이 너무 많았다. 늘 그래왔던 것처럼 대응하지 않고 무시하듯 지나가려 했다.

그런데 휠체어를 잡고 있던 사람이 내가 있는 방향으로 전력을 다해 휠체어를 밀면서 뛰기 시작했다. 휠체어에 타고 있던 사람은 내게 시선을 고정하고 반응을 즐기는 듯 환호성을 질렀다. 설마 휠체어로 나를 떠밀려는 것일까? 하지만 인간은 때때로 잔인한 본성을 드러내며 우리를 놀라게 한다.

찰나의 순간, 나는 병원 입구 바닥에 나동그라졌다. 그들의 목적은 나를 쓰러뜨리는 것이었고, 그것은 장난이 아닌 엄연한 폭력 행위였다. 그리고 곧 악의적인 외침이 들렸다.

"내 나라에서 꺼져!"

넘어진 나에게 주위에 있던 학생들과 보안요원의 시선이 순식간에 집중됐다. 아무도 나를 도와주지 않았고, 그럴 의지조차 없어 보였다. 내가 아닌 다른 동양인이었어도 돕기 위해 나서지 않았을 것이다. 웅성거리는 그들 앞에서 원했든 원하지 않았든 나는 철저하게 이방인이었다.

아무 일도 없었던 것처럼 일어서서 옷을 툭툭 털었다. 몸에 묻은 먼지와 함께 동양인을 향한 멸시와 조롱이 섞인 시선들이 떨어져 나갔다. 그들은 울음을 터뜨리며 도망치는 나약한 내 모습을 예상했을 것이다. 나는 그러고 싶지도 않았고, 그럴 생각조차 없었다. 사실 너무 놀라서 아픈 것도 느끼지 못했고, 세미나가 늦기 전에 빨리 가야 한다는 생각만 들었다.

하지만 그들의 시야에서 벗어났을 때 왈칵 눈물이 쏟아졌다. 화장실 세면대에서 더러워진 손을 씻는 동안에도 멈춰지지 않았다. 그동안 상처로 남았던 일들이 한꺼번에 터져 나오며 애써 부여잡고 있던 나의 의지와 마음이 요란하게 무너졌다.

어학연수 시절에 집 앞 마트에서 곤욕을 치른 일이 떠올랐다. 빵을 사려는데, 진열대에 체인으로 연결된 집게가 내가 원하는 빵의 위치까지 닿지 않아 담을 수 없었다. 마침 옆에 있던 한 독일 남성이 손으로 빵을 집는 것이 보였다. 맨손을 사용하는 것이 내키지 않았지만, 어차피 내가 먹을 빵이니 상관없겠다 싶었다. 더구나 이미 다른 사람들도 모두 그렇게 하고 있어 괜찮을 것이라는 생각도 들었다.

그런데 내가 팔을 뻗는 순간, 종업원이 고성을 지르며 달려왔다. 아직 독일어로 대화하는 것이 익숙하지 않은 상태였지만, 완

나는 인생을 건 공부를 시작했다

벽하게 이해하진 못했어도 나와 동양인에 대한 비난이라는 것은 알 수 있었다. 이후로 일주일 동안이나 무서워서 마트에 가지 못했고, 집에 먹을 것이 없어 굶기도 했다.

어느 날에는 아래층 사는 여자가 다짜고짜 찾아와 항의하는 일이 벌어졌다. 샤워를 마치고 냄비에 밥을 지어 막 첫술을 뜨려던 순간이었다. 누군가 요란하게 문을 두드리며 "건물 관리원입니다!"라고 외쳤다. 영문을 몰라 당황하며 문을 열자, 관리원과 한 여자가 이유도 설명하지 않고 나를 떠밀듯 안으로 들어왔다. 관리원은 곧장 욕실로 들어가 뭔가 살피는 눈치였다. 함께 온 여자는 자기 집 천장에서 물이 뚝뚝 떨어진다고 항의했다.

"그게 뭐? 나랑 무슨 상관이야?"

갑자기 들이닥쳐 허락도 없이 집안을 활보하는 것도 모자라, 무조건 내 잘못이라고 확신하는 그녀가 곱게 보이지 않았다. 그런데 그녀에게서 어처구니없는 대답이 돌아왔다.

"너 때문에 물이 새는 거야. 샤워를 어떻게 했길래 그래?"

잘못한 것이 없는 나는 당당하게 대답했다.

"뭘 어떻게 해? 너네랑 똑같이 하지."

이해할 수 없었다. 대체 어떻게 샤워를 하면 아래층에 물이 샐 수 있을까? 그것은 집의 문제지, 샤워하는 사람의 문제가 아니지 않은가?

"너네 중국인들은 샤워하는 법을 알긴 하는 거야?"

그녀가 한국 사람인 나를 중국인으로 아는 것이 우스웠다. 또 중국인이든 한국인이든 샤워도 할 줄 모르는 야만인이라도 되는 양 몰아세우는 것이 매우 불쾌했다. 독일로 건너간 지 한 달이 채 되지 않았을 때의 일이다. 혼자였던 나를 도와줄 사람이 없었고, 독일어도 잘 구사할 수 없었던 때라 제대로 대꾸할 수도 없는 상태였다.

욕실에서 아무것도 발견하지 못한 채 그들이 돌아간 후 다시 수저를 들었다. 그런데 얼마 지나지 않아 관리원이 돌아와 문을 두드렸다. 그의 표정과 몸짓은 다시 욕실을 살펴도 되겠냐는 허락을 구하고 있었다. 그는 욕실을 살피며 내게 무어라 긴 설명을 시작했다. 알아들을 수 없었던 나는 양해를 구하며 영어로 말해 달라고 부탁했다. 그는 영어로 말했다.

"여기는 독일이고, 난 독일인인데 왜 영어로 말해야 하지?"

그는 영어를 할 줄 알면서도 이후 자신의 의지대로 독일어로 말했다. 지금은 솔직히 그가 옳았다고 인정하지만, 당시에는 외국인인 나에게 그 정도의 배려도 해주지 않는 것이 밉고 서러웠다.

그가 돌아간 후, 다시 아래층 여자가 문을 두드렸다. 그녀는 나

나는 인생을 건 공부를 시작했다

의 손을 강제로 잡아끌며 자신의 집으로 데리고 내려갔다.

그녀의 집 안에 들어선 나는 눈앞의 광경에 고개를 끄덕이게 됐다. 천장에선 비가 오듯 물이 뚝뚝 떨어지고 있었고, 옷장에 있는 옷들은 물론 가전제품도 젖어서 엉망이었다. 어떻게 보상할 거냐는 그녀의 닦달을 무시하고 집으로 돌아왔다. 속상한 마음은 충분히 이해하지만, 내 잘못이 아니었다.

어느 날인가 남미에서 온 친구 율리아와 밥을 먹고 돌아오다 삶은 달걀에 맞은 일도 있었다. 처음엔 율리아가 장난으로 날 때린 줄 알았다. 숨을 쉬기 힘들 정도로 너무 아파서 왜 나를 때렸느냐고 물었다. 그녀는 자신이 아니라고 했고, 바닥에 구르는 부서진 삶은 달걀을 보고 그제야 누군가의 인종 차별을 담은 폭력임을 알아차렸다.

나는 단지 의사가 되기 위해 독일에 온 유학생일 뿐이었다. 피부색이 다른 타국의 이방인이라고 해서 특별 점수를 더 주는 것도 아니다. 오히려 그들의 언어를 익히기 위해 노력해야 한다는 점에서 더 불리했다.

'당당하자. 마음에 담지 말자. 특히 가족들에게 알려 걱정 끼치는 일은 없게 하자.'

몇 번이고 다짐하고 또 다짐했다. 그들의 비겁한 행동에 상처

받아 내 꿈을 이루지 못한 채 좌절하는 일은 없어야 했다. 그러나 빗방울이 바위를 뚫고 파도가 돌을 모래로 만들 듯, 나의 마음이 점점 무너져 내렸다. 온통 외국인뿐인 독일에서 외국인에 대한 공포증이 생긴 것이다.

한국과 다른 독일 의대의 수업 환경도 문제였다. 학교마다 다르지만, 한국의 의대에서는 학생들이 팀을 만들어 일정 기간 동안 유지되는 반면, 독일의 의대에서는 짧은 주기로 팀이 바뀐다. 외국인 공포증을 이기고 익숙해지는 시기가 되면, 새로운 외국인 학생들과 어우러져야 했다.

바닥을 알 수 없는 깊은 곳으로 가라앉는 마음과 달리, 그들 앞에서 평소보다 과장된 몸짓으로 행동하는 나 자신을 발견할 때면 아무도 없는 곳으로 도망치고 싶었다.

공부를 하는 것만으로도 버거운데 대인관계마저 어려워진 지금, 대체 내가 할 수 있는 것이 무엇일까? 나는 과연 의사가 될 수 있을까? 도저히 뛰어넘을 수 없을 것만 같은 나의 한계였다.

한계는 '멈춤'이 아니라 '극복'의 신호다

————

소설 《갈매기의 꿈》은 자신의 한계를 극복하고 더 높이 더 빠르게 완벽한 비행을 꿈꾸는 갈매기 조나단의 이야기를 그려내고 있다. 그런 그를 다른 갈매기들은 무리에서 추방했다. 빠르게 높이 날지 않아도 일상에 지장이 없는 그들의 기준에는 조나단이 특이한 놈이자 전통을 파괴하는 이방인이었다.

그러나 마침내 자신의 한계를 넘어서는 비행에 성공한 조나단은 자신과 같은 부류의 또 다른 갈매기 무리를 만나며, 새로운 세상에서 더욱 완벽한 항공술을 연마하게 된다. 그런데 이상했다. 그곳에는 자신의 고향과 달리 갈매기들이 많지 않았다. 영문을 모르는 그에게 비행 스승인 설리반은 이렇게 말했다.

"우리는 이번 생에서 배운 것을 통해 다음 생을 선택한단다. 아무것도 배우지 못하면 다음 생은 이번 생과 똑같아. 한계도 똑같고 감당해야 할 무거운 짐도 똑같지."*

충격 그 자체였다. 영혼에 색이 있다면, 나의 영혼은 《갈매기의 꿈》을 읽기 전과 읽은 후가 다를 것이라 확신한다.

'목표를 세우고, 자신의 한계를 극복하여 실력을 키울 것.'

어린 나이에 읽은 이 소설은 진정한 성장과 삶의 가치를 각인 시켰다. 몇 번이고 반복해서 읽고 또 읽었다. 읽을 때마다 새로웠고, 책에 담긴 메시지가 온전히 내 것이 됐다. 디즈니 캐릭터에 빠져 그림을 좋아하던 내가 진지하게 삶을 성찰하게 된 계기였다.

그러나 독일 유학생 신분의 나는, 마치 힘찬 비행 끝에 서투른 나머지 바다로 곤두박질친 갈매기 조나단 같았다. 추락 후 달빛을 받으며 바다 위를 표류하던 그는 마음 깊은 곳에 감춰진 자포자기에 가까운 목소리를 들었다.

'나는 갈매기야. 나는 한계를 많이 가지고 태어났어. (중략) 이 엉뚱한 짓은 집어치워야 해. 집으로, 갈매기 무리에게 날아가서 이대로 만족하면서 살아야 해.'**

조나단은 마음의 소리를 듣고 꿈을 포기한 채 고향으로 돌아갔을까? 그는 포기하지 않았다. 나도 마찬가지였다. 중고등 시절부터 목표를 정하고 매진해 온 친구들과 달리, 뒤늦게 길을 찾아 독일까지 오지 않았던가. 출발이 늦었던 만큼 시간과 노력이 더 많이 필요한 것뿐이었고, 그 모든 것을 견뎌내는 것이 관건이었다.

인종 차별을 당하며 생긴 트라우마보다, 그로 인해 의사가 되

• 리처드 바크, 《갈매기의 꿈》, 공경희 역, 나무옆의자, 2020년, p.57
•• 리처드 바크, 《갈매기의 꿈》, 공경희 역, 나무옆의자, 2020년, p.22

는 꿈을 이루지 못하는 것이 더 두려웠다. 그래서 난 공부 이외의 다른 것은 돌아보지 않기로 결심했다. 목표를 이룰 때까지 내 모든 것을 쏟아붓기 시작하자 공부는 습관이자 일상이 되었다. 반드시 해야만 하는 것이기도 했지만, 그곳에서 유일하게 할 수 있는 일이기도 했다. 그러다 보니 내가 느낀 한계를 돌파한다는 인식조차 하지 못했다. 공부를 멈추지 않는 것, 그것만이 지난한 시간을 견딜 수 있는 유일한 방법이었다.

사실 한계점에 이르면 누구나 멈춰 서서 절망한다. 말 그대로 '끝'이라고 생각해서다. 공부도, 취업도, 운동도 모두 한계 앞에서 무너지고 꿈이 좌절되면 실패했다는 생각에 무기력해지기도 한다.

"이제 어떻게 하지? 뭘 해야 하지? 그동안 정말 열심히 했는데 모두 물거품이 됐어."

이렇게 걱정만 한가득 쌓아놓는다고 해결되는 것은 없다. 묻고 싶다.

정말 지금의 한계가 끝이라고 생각하는가?

한계를 넘어 더 나아가기 위해 시도해본 적은 있는가?

한 번 더 노력해볼 생각은 하지 않는 것인가, 못한 것인가?

의미를 두지 않았던 당시의 상황들은 꿈을 이룬 지금에서야 비로소 정의된다. 나의 한계로 인한 고통은 일종의 '신호'였다. 우리에게는 보이지 않는 신호등이 있다. 이 신호는 교통 신호와는 달라서 멈춤, 주의, 휴식, 경계 등 매우 다양한 신호를 보낸다.

파도와 파도 사이

———

만약 한계라는 신호를 보았다면, 그 의미를 잘 읽어야 한다. 한계는 멈춤이 아닌 극복의 신호다. 이것을 뛰어넘는 사람은 능력 혹은 실력의 확장을, 그렇지 않은 사람은 딱 거기까지가 전부인 사람이 된다. 줄넘기 20개만 할 수 있는 사람이 연습하다 보면 30개를 할 수 있게 되고, 조금씩 실력이 늘어 100개를 해도 끄떡없는 날이 오지 않던가.

알아차리지 못하는 사람보다, 알고도 포기하는 사람이 더 큰 문제다. 이들은 대부분의 일을 끝까지 마치는 것이 서투르고 드물다. 그래서 주변 사람들이나 부모님께 "넌 왜 맨날 시작만 하고 끝까지 하는 일이 없어?"라는 소리를 듣는다. 혹시 지금 당신이 그런 사람이라면 뜨끔할 것이다. 불쾌해도 어쩔 수 없다. 지속된다면 '포기'는 습관이 되므로 반드시 자각해야 한다.

　　　　　　　　　　　　　나는 인생을 건 공부를 시작했다

공부에서 경쟁 상대는 언제나 나였다. 나보다 공부 잘하는 학생, 인종 차별을 일삼는 못된 인간, 언제나 순위권 안에서 1~2등을 다투는 친구도 경쟁 상대가 될 순 없었다. 오늘의 공부를 내일로 미루고 싶은 나, 아무리 공부해도 만족스러운 성적이 나오지 않아 포기하고 싶어지는 내가 가장 두렵고 어려웠다.

매일 아침 샤워로 하루를 시작하며 공부한 것을 떠올렸다. 모든 과목별 노트 필기들이 이미지가 되어 책을 들여다보듯 생각나야만 했고, 단순한 암기가 아니라 완벽하게 이해하고 있어야 했다.

그렇게 아침 시간을 보내고 학교 도서관에 도착하면, 필기 노트를 꺼내어 아침에 떠올린 것 가운데 빠뜨린 것을 점검했다. 매일 반복하는데도 늘 틀린 것이 나왔기에 긴장의 끈을 놓을 수 없었다.

시간이 지나면서 유학 생활에 적응이 되었고 공부에 다시 자신감이 붙었다. 가까이 지내는 친구들이 많아졌는데, 노트 정리를 잘한다고 소문이 나면서 빌리고 싶어 하는 친구들도 있었다. 그러자 팀원이 바뀌어도 외국인 공포증이 느껴지지 않았다. 실패하지 않으려고 공부에만 몰두했을 뿐인데 놀라운 일이었다.

인생은 곡선이며 파도처럼 굴곡이 있다. 시험이 끝나고 다음 시험이 기다리고 있듯이 방금 힘들게 넘어선 고비가 마지막이 아니라는 뜻이다.

　나는 지금도 새로운 목표에 도전하며 여전히 파도타기를 한다. 두려워할 필요는 없다. 걱정하지 말자. 파도와 파도 사이, 저 고비를 어떻게 넘어야 할지 두려운 바닥의 시기는 이제 뛰어넘을 준비를 하라는 신호일 뿐이다. 그중에서도 책상 앞에 다시 앉는 것이 가장 쉽다. 아무것도 하지 않으면서 걱정만 하는 바보가 되지 말자. 공부의 효율을 고민하며 이 책을 읽고 있는 당신은 현명하다.

3

다시 일어서는
가장 좋은 방법

독일, 미국, 영국, 캐나다 그 어느 나라로 유학을 가서 의사가 되었어도 한국에서는 의사가 아니다. 하버드 의대를 졸업했든 남아프리카에서 의대를 졸업했든 마찬가지다. 독일에서 의대를 졸업하고 의사 면허를 취득한 나도 한국으로 돌아와 다시 국가고시를 치러야만 했다. 그런데 해외 유학파 의사들이 국가고시를 보기 위한 자격을 얻기 위해서 선행해야 할 것이 있다. 국가고시를 볼 수 있는 자격을 얻기 위해서는 '예비고시'에 합격해야 한다.

이미 해외의 의대를 졸업하고 그곳의 국가고시를 통해 의사 면

허를 취득했는데, 왜 한국에서 또 시험을 봐야만 하느냐고 따져도 소용없다. 더구나 예비고시를 먼저 합격해야만 국가고시를 볼 자격이 주어진다는 것이 더욱 이해하기 어려울 것이다. 그러나 그게 법이다. 그런데 본 시험이라고 할 수 있는 국가고시보다, 그 전에 봐야 하는 예비고시가 훨씬 어려워서 대개 재수 혹은 삼수를 한다.

해외 유학파들의 당시 예비고시의 합격률은 30% 정도라고 알려져 있는데, 실제와 차이가 있다. 예비고시에는 1차(필기)와 2차(실기)가 있는데 1차에 합격한 사람만이 2차를 볼 수 있다. 1차 합격률이 30%이고 2차 합격률까지 하면 최종 합격률이 10% 정도 되는데, 1차 합격률의 기준으로 예비고시 합격률이 발표되는 경우도 있어서다.

그런데 날벼락이 떨어졌다. 한 번에 예비고시의 필기 시험에 합격했는데 정작 실기에서 떨어진 것이다. 자신 있었던 만큼 혼란스럽고 화가 났다. 몇 번의 고비를 겪으며 나만의 방법을 찾아 실력을 쌓아온 터라 더욱 충격이 컸고 실감이 나지 않았다.

자신감이 아닌 자만심이었을까? 독일에서 힘들게 의사가 되어 돌아왔는데 한국에서의 나는 아무것도 아니라는 자괴감이 들었고 심지어 부끄럽기까지 했다. 아무리 긍정적으로 생각하려고 해도 떳떳하지 않았던 나는 한동안 아무것도 할 수 없을 만큼 깊은 실의에 빠졌다.

하지만 객관적으로 생각해야 했다. 억울함과 분노를 외부로 돌리지 말고 내 자신에게 쏟아야만 했다. 예비고시 실기 시험을 준비할 때 반드시 봐야 하는 교재도 따로 있었고, 국가고시 실기와 마찬가지로 시험 방식과 주제에 대한 가이드라인이 있었는데, 그 사실을 시험을 치른 후에야 알게 되었다.

아무리 내가 독일에서 인턴을 하면서 실질적으로 일을 했다고 해도, 시험은 그것에 맞게 준비를 했어야 했다. 내 잘못이었다. 이제 기회는 한 번 남았다. 필기 시험에 합격하면 실기 시험에 한 번 떨어져도 다시 한 번 실기를 볼 수 있는 기회가 주어진다. 즉 필기를 붙으면 실기를 볼 수 있는 기회는 두 번이다.

실패 원인을 파악하고 분석했으니, 방법을 바꾸면 성공할 수 있을 것이다. 1년이라는 시간이 나에게 생겼다. 그 시간 동안 내 문제점을 파악해 고쳐나갈 수 있었고, 그간 전속력으로 달려왔던 트랙에서 내려와 잠시 휴식을 취할 수 있게 되었다.

여전히 자존감이 바닥을 쳤고 다시 한 번 패배자의 기분을 경험했지만, 이제 실패의 충격으로 자해하며 폭주했던 예전의 내가 아니었다. 새로운 일을 설계하기 시작했다. 계획이 아주 살짝 빗

나가 1년이라는 선물 같은 시간이 나에게 주어졌으니, 누구보다 가치 있게 보내야겠다는 생각이 들었다. 곧 새로운 돌파구를 찾아 온전히 나를 쏟아부을 기회를 만들었다. 의학적 지식과 경험을 살려 잘못 알려진 미용 상식을 바로잡는 콘텐츠를 제작하는 유튜브를 시작했다.

내가 제작한 영상에는 기업의 상술을 까발리는 내용도 있었다. 나아가 나의 소소한 일상을 가감 없이 보여주는 '의사 브이로그VLOG'도 제작했다. '브이로그'는 비디오video와 블로그blog의 합성어인데 일상생활을 글이나 사진이 아닌 영상으로 보여주는 것을 말한다. 대신 영상 속의 나는 화려한 가면으로 얼굴을 가렸다. 정체를 드러내는 것이 싫었고 부끄럽기도 했다.

누군가 나의 이야기에 귀 기울여주길 기대하며 시작했지만, 실시간으로 쏟아지는 구독자들의 반응은 정말 놀라웠다. 영상에 대한 호불호가 있었지만, 대부분 공감과 응원을 보내주셨고 궁금증이 해소되어 감사하다는 댓글이 많았다.

구독자들의 신뢰와 전폭적인 지지를 받으면서 의기소침했던 마음이 치유되기 시작했다. 독일 의사도 의사라는 확신과 함께 잃었던 자존감도 되찾았다. 그리고 어느 날, 용기를 내어 가면을 벗어던지고 나의 본모습을 드러냈다. 내가 지금 할 수 있는 일을 찾아 새로운 기회를 만들어 도전한 것이 성공하며, 또 한 번 한계를 넘어 다시 일어서게 된 것이다.

성공한 사람의 조언이 와닿지 않는 이유

"장애물이 너를 멈추게 하지 마라."

"비참하다고 할 수 있는 동안은 아직 제일 비참한 게 아니다."

"실패는 목표 달성의 중요한 자원이 된다."

소위 유명하다는 사람들, 사업으로 성공하여 큰 부를 축적했거나, 학식이 풍부하고, 자신의 분야에서 이름을 날리며 그 업적이 뚜렷한 사람들의 명언이다. 공교롭게도 이들 모두 실패해도 좌절하지 말라고 주장한다. 이렇게 거창한 말들이 한창 실의에 빠져 허덕이는 사람에게 도움이 될지 잘 모르겠다.

나 역시 앞으로 다가올 고난과 역경이 두렵긴 마찬가지다. 다만 반복된 성공이 습관이 되듯, 실패를 딛고 일어서는 용기와 자세도 그렇다. 또한 실패는 대부분 자신의 실수와 부족함에서 오는 것이니, 평소에 실력을 갖추고 능력을 키우려 노력한다. 만약 실패라는 결과를 받고도 달라지는 것이 없다면, 그 실패는 영원히 반복될 것이다.

그렇다면 왜 성공한 사람들은 이런 말들을 남겼을까? 왜 나는 또 당신에게 공부로 성공하려면 실력을 갖추고 좌절하지 말라는 잔소리를 할까? 놓치면 안 될 중요한 포인트가 있다. 이들의 공통점을 '성공'으로 판단하면 안 된다는 사실이다.

"장애물이 너를 멈추게 하지 마라"라고 말한 사람은 농구선수 마이클 조던Michael Jordan이다. 그는 고교 때 팀 선발에서 탈락하고 실력을 쌓아 전미 대륙을 평정했다. 알다시피 스포츠 경기란 롤러코스터처럼 고비가 있다. 그는 그 모든 고비를 드라마틱하게 넘나들며 팀을 우승으로 이끌었다.

그의 역경은 성공 이후에도 찾아왔다. 성공을 거머쥐었다고 생각했을 때 아버지가 피살되는 아픔을 겪어야만 했다. 실의에 빠진 그는 아버지와의 추억이 깃든 야구를 시작하며 한동안 야구선수로 활약하다 다시 농구선수로 돌아왔다. 외유의 대가는 혹독했다. 예전의 실력을 되찾지 못한 조던은 좌절해야만 했다. 그러나 그는 멈추지 않은 노력으로 NBA 사상 한 시즌 역대 최다승 기록을 세우며 전설이 됐다.

"비참하다고 할 수 있는 동안은 아직 제일 비참한 게 아니다"라는 말을 남긴 셰익스피어Shakespeare는 1596년에 아들 햄닛을 잃었다. 4년 후 그가 발표한 4대 비극 중 하나인 〈햄릿〉의 주인공 이름이 '햄릿'인 것은 과연 우연일까? 셰익스피어는 아들의 죽음을 시작으로 1601년에는 아버지와 동생을, 1608년에는 어머니를 잃었다. 그의 4대 비극 작품(햄릿, 오셀로, 맥베스, 리어 왕)은 인간의 존재와 죽음에 대한 깊은 성찰이 바탕이 되었다고 알려져 있다.

"실패는 목표 달성의 중요한 자원이 된다"는 알코올 중독자 아버지 밑에서 유년 시절을 보내고, 부상으로 운동선수의 꿈을 포기해야 했던 에드 마일렛Ed Mylett이 한 말이다. 결혼 후에는 신혼집에 전기와 물이 끊길 정도로 가난에 시달려야 했다. 한때 건강까지 악화되면서 불행은 끝나지 않을 것처럼 이어졌다.

하지만 그로부터 십 수 년이 흐른 지금, 그는 남들보다 '한 번 더 찾아가고, 한 번 더 설득하고, 한 번 더 시도하는 태도'로 노력하여 〈포브스Forbes〉 선정 '50세 이하 최고 부자 50인의 명단'에 이름을 올렸고, 매일 수천 명 앞에서 자신이 만들어낸 기적 같은 성공을 강연하는 동기부여 전문가가 되었다.

이들 모두의 사연을 알고 나면 공허하게 들렸던 이들의 명언이 조금 다르게 느껴질 것이다. 실패와 좌절을 딛고 일어서 성공한 경험을 가진 사람만이 이런 말을 할 수 있다. 아직 좌절해서 슬픔의 늪에 빠져 있거나, 성공의 달콤함을 맛보지 않은 사람에게 아무리 좋은 명언이라도 가슴에 와닿지 않는 이유다. 당신이 실의에 빠져 일어서지 못한다면, 유명하고 성공한 위인의 진심 어린 말도 거짓말처럼 느껴질 것이다.

할 수 있는 걸 그냥 해, 지금 당장!

———

바라던 성적이 나오지 않아 실패하고 좌절했다면, 지금 당장 당신이 해야 할 것은 한 가지다. 슬퍼하지 말라는 말은 하지 못하겠다. 그냥 마음껏 슬퍼하고 좌절해라. 당신의 머리를 벽에 찧거나 한겨울 차가운 물속으로 뛰어드는 것만 아니라면, 지금 슬퍼할 이유는 충분하다. 그러나 하루를 넘기지 말자. 대신 슬퍼하는 하루 동안 모든 감정의 찌꺼기와 분노를 쏟아 내고 다시는 돌아보지 않아야 한다.

그리고 당장 할 수 있는 당신만의 무언가를 찾자. 그것이 지금까지 해왔던 공부와 전혀 다른 것이어도 상관없다. 구체적으로 무엇을 할지는 당신만이 결정할 수 있다.

실망과 슬픔을 지우고 곰곰이 생각해보면 보인다. 나처럼 자신만의 콘텐츠를 만들어도 좋고, 체력을 회복하기 위해 운동을 시작해도 좋다. 전공 분야를 살려 사람들과 정보를 공유하거나, 당신이 좋아하는 주제로 콘텐츠를 만들고, 같은 고민에 빠진 사람들끼리 모여 공감의 힘으로 치유받을 수도 있다. 그들은 모두 당신의 편이다.

"그럼 성공할 수 있어요? 저도 준비하는 시험에서 합격할 수 있을까요?"

아니, 불합격이다. 나는 지금 당신이 좌절을 딛고 다시 서는 방법 중 한 가지를 말했을 뿐이다. 내가 해보고 싶었던 일이자, 나의 능력으로 할 수 있는 일이었던 유튜브를 시작한 후에도 의사의 꿈은 저버리지 않았다. 이후 예비고시에 재도전하여 합격했고, 현재는 유튜버 '츄발라'로 활동하며 병원도 운영 중이다.

'시험에 떨어지면 인생의 방향을 바꿔야 한다'는 의미가 아니다. 웅크린 채 그 상황에 머무르고 있지 말라는 뜻이다. 새로운 도전으로 찾은 기회가 원래의 꿈을 대신할 수 있으며, 그 꿈 너머에 새로운 꿈이 기다릴 수도 있다.

이때 '한 우물을 파야 한다'는 고집은 어울리지 않는다. '내가 지금 할 수 있는 일, 내가 잘하는 일, 나의 실력이 바탕이 되는 일'이 어떻게 서로 다른 물일 수 있나. 이미 한 우물이다. 설령 다른 길이라도 성과만 있다면 상관이 없다. 결국 당신이 잘하는 일, 좋아하는 일이니까. 포기나 변심이 아니라, 자신의 능력을 믿고 주어진 시간에 더 잘할 수 있는 것을 선택했을 뿐이다.

이대로 포기할 것이 아니면 그냥 하자. 그것이 무엇이든 자신이 할 수 있는 것을 찾아서 당장 시작하자. 새로운 일에서 성과를 낸다면 자존감을 되찾을 수 있고, 그렇지 않다고 하더라도 좌절을 딛고 일어설 마음의 준비를 할 수 있다.

만약 다시 공부하기 위해 책상 앞에 앉았다면 실패의 원인을 찾고 냉정하게 평가하자. 공부에서의 성공은 다른 분야보다 의외로 쉽다. 내가 모르는 것이 무언인지 분석할 수 있는 오답 노트가 명백히 존재해서다.

정답이 없는 삶에서 최선은 자신의 가능성에 무한한 신뢰를 보내며 묵묵히 나아가는 것이다. 공부와 일 모두, 실패에 낙담하고 아무것도 하지 않는다면 달라지지 않는다. 행동하는 사람, 실천하는 사람, 실패에 연연하지 않고 묵묵히 나아가는 사람이 성공이라는 보상 혹은 새로운 기회를 잡는다. 지금 고개를 끄덕이며 주먹을 불끈 쥐었을 당신이 바로 그 사람이다.

나는 인생을 건 공부를 시작했다

4
독이 되는 인간관계는
정리가 답이다

고3, 1차 수시가 끝난 학교 기말고사 기간이었다. 친구와 함께 복도를 걷고 있는데 국어 선생님이 꿈이었던 다른 반 친구가 옆으로 지나갔다. 수시 정보를 서로 공유하며 응원해주던 제일 친한 친구라 반갑게 인사를 건넸다. 그러나 그 아이는 어색하게 웃으며 인사했고, 대신 함께 있던 친구가 화들짝 놀라며 나를 말렸다.

"아는 척하지 마. 왜 아는 척을 해? 쟤가 너 인간 정리한다고 그랬어. 스카이 아니면 친구 안 한대."

인간 정리? 나를? 친한 친구라 믿었는데 나만 그렇게 생각한

거였어? 평생 우정을 지속할 수 있을 정도로 친했다고 생각했기에 믿을 수 없었다. 마치 나만의 짝사랑이 상대의 일방적인 손절로 끝나 버린 것처럼 충격이 컸다. 학벌로 상대를 평가하고 관계를 정리하는 기준으로 삼는 사람인줄 알았다면 처음부터 친구가될 일은 없었을 것이다. 그땐 마음이 많이 쓰렸지만 지금 생각해보니 차라리 잘된 일이었다.

지난 시간을 돌아보면 나는 그다지 인간관계가 평탄하지 않았다. 아빠의 사업이 풀리지 않을 때는 집에 쌀이 떨어져 소풍에 싸갈 도시락을 걱정할 만큼 힘든 시간을 보내기도 했는데, 초등학교 6학년 무렵에는 유행에 따라 좋은 옷을 사 입을 만큼 형편이 넉넉하지 않았다.

"야, 오늘 입은 한나 옷은 그나마 괜찮지 않냐?"

어느 날 아이들이 수군거리는 소리가 귀에 들렸다. 내가 초등학교 때 입었던 옷은 엄마가 길에서 2000~3000원을 주고 사주신 것들이었다. 내 눈에는 유행과 상관없이 예쁘게 보였고 마음에 들었다. 그런데 당시에 유행하던 멜빵바지를 입고 한껏 멋을부리던 다른 아이들의 눈에는 우스웠던 모양이다.

친한 친구들끼리 조를 짜서 진행하는 수업을 하거나, 자율학습을 하는 날에는 덩그러니 혼자 남겨져야 했다. 힘들고 외로웠다.

그래도 부모님께는 말하지 않았다. 무슨 이유였는지 모르겠지만 선생님도 내 편이 아니었다. 그날의 일은 다시 생각해도 정말 끔찍하다.

짝꿍이 자두 2개를 가져왔고, 왕따인 내게 말을 걸어준 것도 고마운데 먹으라며 나눠 주기까지 했었다. 내 편이 한 명도 없던 나는 난데없는 호의에 감동받았다. 그런데 앞에 앉은 남자아이가 자기도 먹겠다며 자두를 냉큼 하나를 집어 들면서 짝꿍에게 물었다.

"뭐야? 넌 없어? 저 애한테 준 거야?"

"아니 난……."

자두를 가져간 아이는 정의의 사도라도 된 양 진실을 밝히겠다며 짝꿍과 나를 복도 끝에 있는 화장실 앞으로 불렀다. 짝꿍은 나에게 자두를 나누어 준 것을 부정했다. 이해는 갔다. 왕따와 말을 섞거나 친구가 되면 자신도 왕따가 되는 것은 불문율이었으니까. 그깟 자두의 출처가 뭐가 중요한가. 하지만 나는 졸지에 거짓말하는 도둑이 됐다.

억울했지만 아무 대꾸도 하지 못하고 있는 내게 갑자기 주먹이 날아왔다. 자두를 가져간 아이가 거짓말한 나를 응징하겠다고 한 행동이었다. 거짓말쟁이로 몰린 것도 억울한데 주먹질까지 당한 것이 너무 화가 났다.

정신을 차리고 교실로 돌아와 선생님께 상황을 설명하고 도움을 요청했다. 설마, 난 선생님께도 왕따를 당하고 있던 것일까? 선생님은 중재는커녕 관심조차 없었다. 나는 "제가 맞았는데 선생님은 왜 도와주지 않으세요?" 하며 소리를 질렀다. 돌아온 반응은 싸늘했다.

"조용히 있어."

선생님의 말씀에 다른 아이들은 키득거리며 좋은 구경이라도 난 듯이 나를 쳐다보았다. 그때 그 아이들은 어디서 어떻게 살고 있을까? 결혼해서 가정을 이루고 아이도 낳았을까? 설마 아직도 타인의 옷차림과 가정 형편을 들먹이며 놀리고 수군거리는 철없는 행동을 하고 있을까? 그때 왜 그랬는지 묻는다면 이렇게 변명할지도 모른다.

"네가 그때 옷을 이상하게 입고 다녔잖아."

"그때는 내가 어렸잖아. 다 장난이었어."

'격이 다르고, 처한 환경이 차이가 나면 친구가 될 수 없다'는 그들의 편협한 사고방식은 대체 무엇을 근거로 하고 있을까? 자신들이 어렸으니 친구를 왕따시킨 일을 용서해달라고 한다면, 그 일을 당한 나 역시 어렸다는 것을 왜 알지 못할까?

나는 인생을 건 공부를 시작했다

시간이 흐르고 아빠가 재기에 성공하시면서 형편이 조금 나아지자 원하는 브랜드에서 나온 옷과 운동화를 가질 수 있게 됐다. 내 성적에 따라 엄마가 적절한 보상을 해주셨기 때문이다.

중학교 2학년 때는 무슨 용기에서인지 초등학교 반창회에 참석했다. 사실 별로 거리낄 것도 없었다. 내가 당당하지 못할 이유는 없었으니까. 그런데 내 주변으로 삼삼오오 아이들이 몰려들었다. 완전히 달라진 모습의 나는 아이들의 관심을 받기에 충분했다.

그날, 보이는 것으로 상대를 평가하고 판단하는 세상의 민낯을 보았다. 어린 나이의 내가 돈의 힘을 깨달으며 한때 외모 꾸미기와 패션에 집착하게 된 계기가 되었다. 하지만 그 아이들과 같은 가치관을 갖게 된 것은 아니었다. 정확히 말하면, 그들에게 판단되고 싶지 않았다.

지금도 공부보다 인간관계가 어렵다. 살아보니, 인간관계는 나 혼자만의 노력으로 달라지는 것이 아니므로 정답이 따로 없었다. 그래도 나만의 규칙은 있다. 누군가를 따돌리거나 배척하지는 않아도, 필요하다면 '인간관계 정리'라는 칼날을 냉정하게 휘두른다.

자발적 외톨이가 되라

———

독일에서 공부하는 동안에는 한국인들과 가깝게 지내지 않았다. 싫어서 그런 것이 아니라 내 주변에 아예 한국인이 없었다. 심지어 내가 다닌 괴팅겐 대학교 의예과 동기 중에는 외국인이 5명뿐이었고, 동양인은 나 혼자였다.

가족이 곁에 없어서 외로웠고, 무엇보다 대화가 통하는 한국인이 그리웠다. 유학 온 누구라도 이런 감정에서 벗어날 수 없다. 그렇다 보니 자석에 이끌리듯 한국인들끼리 똘똘 뭉치거나, 우연히 같은 한국인을 만나면 10년 만에 만난 친구처럼 반갑다.

게다가 우리나라 사람들이 또 얼마나 정이 넘치는 민족인가? 아직 익숙하지 않은 외국어로 섬에 고립된 사람처럼 외로움에 떨다가도 서로 위로하고 격려하면서 금세 가까워진다. 이것이 유학 생활에 독이 될지 약이 될지 당장은 판단이 서지 않을 것이다. 그러나 곧 야금야금 영향을 주고받으며, 함께 밥이나 먹자는 만남이 음주가무로 이어지게 된다. 당연히 만남의 횟수가 늘어날수록 공부할 시간은 점점 줄어들 수밖에 없다.

어학연수부터 시작하는 유학생이 더욱 조심해야 할 것은 한국인과 한인타운이다. 결론부터 말하면 외국어 실력이 늘지 않는다.

나는 인생을 건 공부를 시작했다

성인이 된 우리는 거금의 사교육비를 들이거나, 온갖 스트레스를 받으며 손에서 단어장을 놓지 않는 수고를 해야만 외국어를 겨우 배울 수 있다. 또한 외국어를 배울 때 교과서나 참고서로만 배우지 않고 실제 사용해야 회화 실력이 향상된다는 것을 알고 있지 않나. 칼은 사용할수록 무뎌지지만, 어학은 반복해서 사용해야 실력을 키울 수 있다.

그래서 외국어를 사용할 기회가 줄어드는 한인타운이나 한국인과의 만남은 외국어 공부에 절대 도움이 되지 않는다. 휩쓸리지 않을 자신이 없다면, 차라리 한국에서 학원에 다니거나 개인교습을 받자. 비싼 돈을 낭비하며 외국에서 외로움과 싸우는 것보다 가성비가 높다.

독일어에 기초 지식조차 없던 나는 10개월 만에 DSH를 통과했다. DSH는 외국인이 독일의 대학에 들어가기 위한 독일어 자격증 시험이다. 수준별 레벨이 존재하는데, 일반 대학보다 의대에 입학하기 위한 기준이 높아서 보통 2년이 소요된다고 한다.

주변에서 내가 10개월 만에 합격한 것이 그저 놀랍다고 했다. 처음에는 다들 이 정도는 하는 줄 알았는데 지나고 보니 그게 아니었다. 하지만 나보다 더 짧은 기간 안에 합격하는 사람도 있었다. 10개월 만에 합격하기 위해 많은 노력을 기울였는데, 더 짧은 시간에 해낸 사람도 있다고 하니 그 노력이 상상만으로도 어땠을지 짐작이 갔다.

나는 단어장을 손에서 놓지 않았다. 차라리 한 몸이라고 말해도 될 정도였다. 이를 악물고 어려운 문법을 한 달 만에 끝냈더니, 독일어로 일기를 쓰는 것이 가능해졌다.

예문을 보면서 단어 사용법을 배웠고, 문장 구성도 익힐 수 있었다. 당시 유행했던 싸이월드에 매일 독일어로 일기를 썼다. 점점 실력이 늘면서 엉터리라는 걸 알았지만 하루도 멈추지 않았다.

일부러 한국인들과 동떨어져 외톨이로 지낸 것도 큰 도움이 됐다. 독일어 자격증을 단기간에 취득하는 데 가장 큰 공신이나 마찬가지다. 외톨이였지만 내 귀에는 온통 독일어만 들린다는 장점으로 작용했다. 외국어는 자주 사용하고 더 많이 접해야만 빠르게 익숙해진다. 내 생활의 일부가 아니라, 전부가 되어야 원하는 목표를 이룰 수 있다는 것을 반드시 기억하자.

인간관계가 내 앞을 막게 두지 마라

———

왕따와 인종 차별 문제에 대해 당시 부모님과 상의하지 않았다고 해서 마음에 상처가 남지 않았다면 거짓말이다. 만약 상처가 아니었다면, 지금 그 시절의 이야기를 꺼내 놓을 만큼 오래 기억하고 있지 않았을 것이다.

만약 지금 누군가 비슷한 일을 겪고 있다면, 나처럼 혼자 해결하라는 말은 하고 싶지 않다. 내가 겪었던 일 이상으로 잔인한 일들이 아무렇지도 않게 벌어지고 있는 현실에서는 혼자 견디는 것이 불가능할 수 있기 때문이다. 최악의 상황까지 가지 않도록 반드시 가족과 상의하자.

지는 것이 싫고, 남보다 뒤떨어지면 반드시 따라잡겠다는 승부욕에 타오를 때마다 다짐했다.

'너희들이 따라올 수 없을 만큼 앞서갈 거야. 절대 지금처럼 무시당하는 사람으로 남지 않아.'

나를 싫어했던 친구 무리에 억지로 끼기 위해 노력하지 않았다. 그런 잣대들로 타인을 평가하고 판단하는 사람과 친구가 되고 싶은 마음은 없었으니까.

공부의 맛을 알기 시작한 중학교 때도 달라지지 않았다. 유학 시절에도 언제나 인간관계에 선을 지켰다. 나에게 호의를 보이는 사람은 받아들이고, 매일 공부에 투자해야 하는 시간에 방해받지 않을 정도의 선을 지키며 흔들리지 않았다.

다른 사람들과 전혀 어울리지 않고, 친구를 일부러 만들지 않고 혼자 지냈다는 뜻으로 오해하면 곤란하다. 나의 친구들은 대부분 가치관이 비슷하거나 목표가 같았다. 특히 늘 공부 파트너가 되어 준 빨간 머리 베네딕은 언제나 1등이자 과수석을 놓치지 않는 모범생으로 유명했다.

"너 지금 뭐 해?"

"나? 밥 먹고 있는데?"

"그럼 지금 네가 밥을 먹고 혈당이 얼마나 오를지 의학적으로 생각해봐. 그걸 알려면 검사는 어떤 걸 해야 하지?"

"아, 그건 말이야……."

그는 수시로 전화를 걸어 이런 대화를 유도했다. 생각지 못한 순간에 갑자기 전화해서 지식을 공유하고 서로 부족한 부분을 채울 수 있었다. 이렇게 긍정적인 시너지를 만드는 사람과 어떻게 친구가 되지 않을 수 있을까?

그는 또 매일 아침 전화를 했다.

"빨리 나와. 너 나랑 공부해야 해."

잠시도 틈을 주지 않는 베네딕의 성화에 공부 이외에 다른 것을 돌아보지 않겠다는 나의 다짐을 잘 지킬 수 있었다. 인간관계는 크게 4가지로 정리된다.

1. 인사만 하고 지내도 되는 무덤덤한 관계
2. 서로의 능력을 끌어내 시너지를 낼 수 있는 관계
3. 에너지 뱀파이어처럼 10분만 함께 있어도 나의 긍정적 에너지를 빼앗기는 관계
4. 무시하거나 배신하는 등 상처를 입히는 관계

1과 2의 경우는 상관없지만, 3과 4의 관계는 어떻게 해야 할지 모두 알고 있을 것이다. 그래도 오늘의 관계가 내일은 달라질 수 있으니 주의하자. 또 손절이 답이라고 해도 섣부른 오해가 있을 수 있으니 신중하게 결정하자. 최소한 열 번은 참으며 이해하려 노력하자.

그래도 안 된다면 직접 뜻을 전하고 달라지기를 기다리자. 뭔가 이상한 느낌을 받은 사람은 머지않아 연락해올 수 있다. 나는 대체로 모른 척하지 않고 이유를 알려주는 편인데, 상대방이 받아들인다고 해도 경계심이 모두 풀리는 것은 아니다.

지난해 겨울, 유튜브 영상을 찍으며 한 구독자가 고민 상담을 해왔다. 지나친 장난을 반복하는 친구가 있는데 소심한 성격이라 말하지 못해 속앓이를 하고 있다는 내용이었다. 나는 "왜 말을 못 해? 평생 그러고 살 거야?"라고 대답해 주었다.

여러 가지 방법을 써보고 당사자에게 경고도 했는데 계속해서 나를 아프게 하는 가시는 피하거나 잘라 내는 것이 옳다. 피가 철철 나도록 아픈데 아무런 조치도 취하지 않은 채 어떻게 하냐며 울면 해결이 될까? 자신은 스스로 지키자. 내 삶을 방해하고 부정적 영향을 받는 관계, 결국 손절이 답이다.

내 등에 칼을 꽂는 인간은 이유를 불문하고 바로 차단이다. 관계를 어떻게 그리 쉽게 끊느냐고? 그냥 한다. 카톡이나 문자와 전화 등 모든 연락을 받지 않고, SNS도 끊어 버린다. 도움이 되기는커녕, 내 삶의 골칫덩이이자 내 뒷담화를 하고 다니는 인간을 정리하는데 허락이라도 받아야 할까?

인간관계가 나의 가치관과 목적을 방해하며 앞길을 막게 내버려 두지 말자. 진정한 친구는 시험을 앞둔 당신의 뒤에서 말없이 응원하며 기다려준다. 마음 놓고 친구를 만날 수 있을 때까지 자신이 할 일을 잊지 않는 것이 중요하다.

공부와 일에도 효율이 있듯, 친구 사이에도 효율이 존재한다.

서로 같은 목표를 향해 달리며 시너지를 낼 수 있는 친구라면, 진심 어린 우정과 건전한 경쟁의식으로 관계를 유지하자. 그 친구를 제치고 1등을 해야 직성이 풀리는 것이 아니라면 평생 친구로 지낼 수 있다. 친구는 서열이나 순위를 정하고 만나는 것이 아니라 '함께'하는 사람이다.

5

시간의 주인이 되라

태어나 보니 부모가 재벌이라 평생 쓰고도 돈이 남는 사람, 유행에 뒤떨어진 옷을 입는다고 왕따를 당했던 나, 공부를 너무 잘하는데 인성마저 뛰어났던 베네딕, 독일 의대에서 국시를 준비하며 반드시 앞서야겠다고 마음먹게 해준 친구, 그리고 이 책을 읽고 있는 당신. 우리의 하루는 차별 없이 공평하게 24시간이고 똑같은 속도로 흐른다.

그런데 이상하게 똑같이 10시간을 공부해도 성적은 다르다. 분명 많은 변수가 작용할 것이다. 사람마다 집중력이 다르고, 새로

나는 인생을 건 공부를 시작했다

운 지식을 쉽게 받아들일 수 있는 기초 실력이 있는가 여부와 공부 환경 등 저마다 다른 조건을 갖고 있다. 그런데 만약 시간이 넉넉하다면 이 모든 조건을 상쇄하고 공부의 성과를 최대치로 끌어올릴 수 있지 않을까?

"공부할 때 시간 관리를 어떻게 했어요?"

아는 동생이 물었을 때, 솔직히 당황했다. 그래서 이렇게 대답했다.

"시간 관리를 따로 한 적이 없는데? 그럴 이유가 없었던 게 모든 시간이 공부였거든. 날짜를 관리하긴 했어. 시험 보기 며칠 전까지 여기까지는 끝내야 하고 뭐 이런 식? 그래서 보통은 시험 3일 전에 다 끝내고, 오히려 가까워졌을 때 여유롭게 공부한 거 같아.

어디 놀러 갈 때면 꼭 공부할 것을 가방에 챙겨 가 기차 안에서 공부했고, 친구들과 수다를 떨 때도 사실 머릿속에 공부가 가득했어. 그러다 갑자기 생각나지 않으면 대화 중이라도 필기한 것을 꺼내 보기도 했고. 밥도 공부하면서 먹었지, 밥을 먹으면서 공부를 한 게 아닌 느낌이랄까? 매사에 주는 공부였고, 그 외에 모든 활동이 액세서리 같은 느낌? 그런데 왜 공부할 때 시간 관리를 꼭 해야 하는 거야?"

"바로 그거요. 사실은 지금 이야기하신 모든 것들이 시간 관리였네요."

생각해보니 정말 그랬다. 나는 본능적으로 시간을 관리했고, 빠질 수 없는 모임이거나 식사 시간도 어떻게든 낭비하지 않고 활용하고 있었다.

시간도 돈처럼 자산이다. 낭비하면 반드시 후회할 날이 온다. 파산해서 빚에 시달리거나, 불합격 후 공부 좀 더 할 걸 그랬다며 가슴을 칠 것이다. 게다가 이미 써버린 돈을 다시 주워 담을 수 없듯, 함부로 보낸 시간도 되돌릴 수 없다.

그러나 후회를 너무 길게 하진 말자. 이제라도 시간을 관리하고 아낀다면, 공부의 효율을 높이는 '절대 비법'이 될 수 있다. 이때 방법은 2가지다.

1. 자투리 시간을 아껴서 공부 시간을 늘리는 것
2. 짧은 시간을 쓰더라도 집중하여 공부 효율을 높이는 것

잠자리에서 눈을 뜨는 순간부터 하루가 시작된다. 나는 매일 아침 첫 시간이 그날을 결정한다고 믿었다. 우리에게는 아무렇지도 않게 소모되는 자투리 시간이 너무 많다. 하루를 살고 남는 시

나는 인생을 건 공부를 시작했다

간에 공부하는지, 공부를 먼저 하고 남는 시간에 다른 일을 하는
지 되돌아보자.

시간을 관리하는 가장 쉬운 방법

삶의 중심을 '공부'로 만들자. 목표가 성적 또는 합격이라면 몸
의 모든 감각과 생활이 '공부'가 중심이 되어야 한다. 이 단계의
사람들은 공부 외의 것에 크게 신경 쓰지 않을까? 아니, 틀렸다.
공부 외에 신경 쓰지 않는 것이 아니라, 공부해야 한다고 부르짖
지 않는다.

밥을 먹을 때, 화장실에 갈 때, 친구와 통화하거나 수다를 떨
때, 샤워할 때, 심지어 잠을 자다가 불현듯 깬 순간에도 잠들기 전
에 마지막으로 공부한 내용이 머릿속에 남아 있는지 확인한다.

학창 시절 시험 전날까지 나와 함께 신나게 놀았는데 1등을 놓
치지 않거나, 다섯 손가락 안의 등수를 유지하는 친구를 보았을
것이다. '혹시 저 친구는 외계인이 아닐까?'라고 의심하지 말자.
그냥 그 애들은 영혼이 '공부' 그 자체다. 그래서 '공부한다'는 의
식조차 없는 사람들을 따라잡는 것은 거의 불가능하다.

나와 찐우정을 나누며 자신과 공부해야 한다고 우겼던 베네딕은 항상 1등을 놓치지 않았다. 만약 나였다면 엄청난 스트레스로 쓰러졌을지 모른다. 아주 중요한 포인트다. 공부가 삶의 중심이 되어야 하지만, 인생을 지배하게 만들지 말자. 나의 목표는 의사였지 1등이 아니었다.

그들처럼 영혼마저 공부가 될 수 없다면, 목표 달성까지만이라도 삶이 공부를 중심으로 돌아가게 하자. 예를 들면 이런 것이다.

- 친구를 만난 후 공부하는 것이 아니라, 목표한 공부량을 채우고 친구 만나기
- 친구가 새로 산 옷으로 수다 떨지 말고, 오늘 끝낸 공부가 화제가 되게 하기
- 맛집 정보보다 유용한 시험 문제 출제 정보에 주목하기
- 무너지는 내 몸매 걱정보다 바닥을 모른 채 떨어지는 점수 걱정하기

지금 당신의 안테나가 공부가 아닌 다른 곳으로 향해 있다면 그 방향을 돌리자. 이것이 바로 시간의 주인이 되는 첫 번째 방법이며, 반드시 선행되어야 할 철칙이다.

나는 인생을 건 공부를 시작했다

1. SNS에 목숨 걸지 말자.

분명 시험이 코앞이라 공부에 집중해야 할 상황인데 이상한 행적을 남기는 사람이 있다. 방금 점심으로 먹은 파스타 사진을 찍어서 SNS에 올리고, 친구들의 반응을 실시간으로 확인하느라 공부에 몰입하지 못한다.

비싸고 특별히 맛있는 파스타라서 그러는 것도 아니다. 상대적으로 저렴한 김밥과 떡볶이를 먹어도 이들의 스마트폰 카메라는 멈추지 않는다. 누군가 "정말 맛있겠어요. 좌표 좀 찍어주세요!"라고 물으면 "여긴 ○○대 앞 김밥헤븐입니다!"라며 빠르고 친절하게 실시간으로 대답해준다.

해맑아도 너무 해맑은 사람이다. 대체 그럴 시간이 어디 있나. 점심 식사 메뉴와 좌표 공유가 공부라는 목표를 버릴 만큼 그렇게 중요한가? 차라리 당신의 SNS를 그날 공부한 요점 정리 노트로 활용하자. 나처럼 외국어로 일기를 써도 좋다. 당신에게도 이득이지만, 찾아오는 팔로워에게도 이득이다.

물론 가장 좋은 방법은 SNS를 끊는 것이다. 곤란한 표정은 짓지 말자. 담배를 끊으라는 것도 아니고, 내 시간을 갉아먹는 SNS를 잠시 끊으라는데 그게 그렇게 어려울까?

삶에 무엇이 더 필요하고 중요할까? 합격인가, SNS인가? SNS

가 합격증을 주었다는 이야기는 아직 들어보지 못했다. 끊기 싫다면 미루기라도 하자. 공부에 성공한 후 돌아가도 늦지 않다.

2. 공부의 순서를 합리적으로 정하자.

모든 시험에는 과목의 경중이 있다. 예를 들면 수능의 경우 점수를 많이 차지하는 국·영·수 주요 과목과 그렇지 않은 비주요 과목들이 있다.

주요 과목은 당연히 공부 효율이 가장 높은 시간에 하는 것이 좋다. 사실 모든 과목을 이 시간대에 하는 것이 좋겠지만 현실적으로 불가능하다. 이때는 다음과 같이 과목의 경중을 구분한 뒤, 시간을 배분하고 시험 일정에 따라 계획표를 만드는 것이 효율적이다.

- 주요 과목인데, 공부가 더 필요한 경우
- 주요 과목인데, 한 번 훑어보는 것으로 충분한 경우
- 비주요 과목인데, 공부가 더 필요한 경우
- 비주요 과목인데, 한 번 훑어보는 것으로 충분한 경우

내가 시간을 구체적으로 어떻게 배분했는지는 설명하지 않겠

나는 인생을 건 공부를 시작했다

다. 그것은 나에게 특화된 방법이라 다른 사람에게 맞지 않아서다. 누군가는 어려운 과목을 먼저 해야만 마음이 놓일 것이고, 또 누군가는 쉬운 과목이라도 완벽히 끝내 놓고 다른 과목에 매진하는 것을 좋아할 수 있다.

3. 자투리 시간을 활용하자.

하루에 많은 시간이 버려지고 있다. 학교나 직장으로 이동하는 시간, 화장실에 가는 시간, 샤워하는 시간, 식사하는 시간, 누군가를 기다리거나 대중교통을 기다리는 시간 등이다. 우리는 알면서도 그 시간을 활용할 생각을 하지 못한다.

동전과 천 원짜리를 저금통에 모으면 쏠쏠한 쌈짓돈이 되듯, 자투리 시간도 알뜰하게 모으면 기억이 가물가물한 불확실한 지식을 완전히 내 것으로 만들 수 있다.

이 시간에는 영어 단어를 외우거나, 반복해서 틀리는 오답을 확인하거나, 필기 노트를 꺼내 읽자. 노트를 들고 갈 수 없다면 머릿속으로 상상이라도 하자. 버려도 되는 잔돈이 없는 것처럼, 함부로 낭비되는 시간이 있다는 것은 아직 성공이 간절하지 않다는 증거다.

지금이 가장 빠른 때다

———

어쩌면 미래에는 과학이 더 발달하여 시간을 사고파는 날이 올지도 모른다. 스마트폰에 사용할 데이터를 구매하듯 시간을 구매할 수 있다면 얼마나 편리할까? 또 은행에 비상금을 넣어두고 필요할 때마다 사용하는 것처럼 시간을 저축할 수 있다면 얼마나 좋을까?

아쉽게도 아직 물리적인 시간을 원하는 만큼 늘리지 못한다. 과학적으로 가능한지조차 미지수다. 그렇다면 각자의 경험과 보낸 시간의 질에 따라, 물리적 시간과 의식적 시간의 속도가 서로 다른 것은 어떻게 설명할 수 있을까? 이 역시 과학으로는 설명할 수 없다. 빠르게 다가오는 시험 날짜나, 토요일이 멀게만 느껴지는 직장인의 월요일도 똑같이 하루는 24시간이고 흐르는 속도는 같다.

그런데 왜 시험을 앞둔 우리의 시간이 빨리 흐른다고 느끼는 걸까? 그 이유는 불안감에 있다. 자신의 실력에 자신이 없는 것이다. 그러면서도 시험 전날 그동안 왜 공부하지 않았는지 후회하며 시간을 보내는 것처럼 어리석은 일은 없다. 차라리 기출문제집을 펴서 살핀다면 한 문제라도 더 정답을 맞힐 수 있을 것

　　　　　　　　　　　　나는 인생을 건 공부를 시작했다

이다.

물론 가장 최악의 행동은 해보지도 않고 포기하는 것이다. 공부하지 않아서 어차피 망칠 거니까 포기한다고? 어떻게 해보지도 않고 포기를 할까? 노력할 생각이 애초에 있기는 했을까? 머릿속에 온통 공부만 가득해도 될까 말까 장담할 수 없는데, 충분히 준비할 수 있는 시간 동안 친구들과 맛집 찾아가고 술 마시며 놀았으면서 영혼까지 탈탈 털어 쏟아부었다고 자신할 수 있을까? 결국 남들보다 빠른 속도로 흐르는 나의 시간에 지배당하지 않는 방법은 오직 공부하는 것이다.

모두에게 똑같이 흐르는 시간이 지나, 시험이 끝나고 나면 아무것도 하지 않아도 되는 휴식이 기다리고 있다. 시험 결과에 따라 만족스러운 휴식이 될지, 후회만 가득한 휴식이 될지는 우리에게 달려 있다.

시간은 아무도 기다려주지 않는다. 당신과 나, 모두에게 똑같은 양의 시간이 똑같은 속도로 흐르고 있다. 우리는 이 사실을 잘 알면서도 함부로 시간을 낭비하다 후회하는 일을 반복한다. 인생에 한 번쯤은 모든 것을 걸고, '누구나' 할 수 있는 노력을 '누구도' 따라올 수 없을 만큼 해보자. 늦었다고 생각하는 지금이 가장 빠른 때다.

책을 펼치고 공부에 몰입하다 보면 부족한 실력이 채워지고, 불안감 대신 자신감이 생긴다. 오지 말았으면 하는 시험일이 기다려지고, 너무 빨리 흐른다고 느꼈던 시간이 더디게 느껴지는 마법 같은 일이 벌어진다. 가장 행복한 건, 나 자신을 믿는 마음과 확신이 생겨 자존감이 높아진다는 사실이다.

2장

최적의 공부 환경 만들기

: 환경 조성

———

타인의 공부법을 살피는 것은 자신의 공부법에 문제가 있지 않은지 비교하고 점검하는 데 도움이 된다. 하지만 맹목적으로 따라 하지 말자. 나의 공부법을 소개하는 것이지, 이렇게만 하면 누구나 반드시 성공한다는 것이 아니므로 참고만 하기를 바란다.

공부의 왕도는 없다. 다만 성적이 최상위권인 친구들, 의사가 된 친구들의 이야기를 들어보면 나의 공부법과 공통점이 많았다. 절대적인 방법이라고 말하진 못해도 공부의 효율을 높일 수는 있을 것이다. 아직 자신만의 공부법을 찾지 못했다면, 나의 공부법이 도움이 되길 기대한다.

1

간식

드라마나 영화에 등장하는 아주 익숙한 장면이 있다. 책상 앞에 앉아 공부 삼매경에 빠진 자녀에게 빼꼼히 방문을 열고 간식을 내미는 엄마의 모습이다. 간식의 정체는 대부분 과일이나 빵과 우유였다.

사실 간식은 공부할 때 집중력을 흩트리는 원흉이다. 책에서 시선을 떼게 만들고, 손이 더러워지기도 한다. 책과 책상에 부스러기가 떨어져 주변 정리도 필요하다. 사람도 초집중 상태가 될 때까지 컴퓨터처럼 버퍼링이 필요하다. 주의가 산만하면 가장 이

나는 인생을 건 공부를 시작했다

상적인 상태의 집중력이 발휘될 때까지 버퍼링을 반복하므로 공부 시간 대비 효율이 오르지 않는다. 간식을 먹어야 할 때는 뭔가 먹으면서 공부하기보다 차라리 10~15분 정도 간식 타임을 갖자. 정해진 시간에 간식을 먹으며 휴식을 취하고, 다시 공부에 집중하는 것이 훨씬 효율적이다.

물론 적당량의 간식이 필요할 때도 있다. 특히 포도당은 뇌 활동에 꼭 필요한 에너지라서 적당히 섭취해주는 것이 좋다. 나의 경우 껌이나 포도당 캔디를 자주 먹었다. 껌은 저작 활동으로 인해 졸음을 물리칠 수 있으며 집중력을 올려주기도 한다. 요즘은 포도당 캔디를 국내에서도 많이 판매하므로 쉽게 찾아볼 수 있다. 하지만 비만을 부르는 고칼로리 음식은 당연히 금물이다.

독일 유학 시절, 의대에서 그룹을 이루어 함께 공부했던 친구들도 간식을 가져오곤 했다. 큰 책상에 둘러앉아 토론에 열중하면서 한꺼번에 꺼내 놓고 나누어 먹었다. 그때도 친구들이 즐긴 것은 껌과 포도당 캔디였고, 간혹 곰돌이 모양의 젤리 하리보가 등장했다.

간식이 필요하다면 치킨, 햄버거, 피자, 부스러기가 떨어지는 과자 등 번거로운 음식보다 뇌의 효율을 높여줄 메뉴를 선택하자. 과일은 물이 떨어져 먹기 불편한 수박이나 과육이 흘러내리는 홍시보다 간단하게 입에 넣을 수 있는 크기의 포도(씨가 없고 껍질째 먹는 것), 한입 크기의 사과나 배 등이 좋다. 물론 가장 좋은 것은 아무것도 먹지 않고 온전히 공부에만 집중하는 것이다.

과자보다 음료를 많이 마시는 경우도 있다. 주로 커피를 마시는데, 요즘은 잠을 쫓기 위해 고카페인 음료를 섭취하는 친구들이 많다. 한때 커피를 하루에 8잔이나 마실 만큼 즐겼던 나는 공부하는 사람들의 절박한 심정을 이해한다. 하지만 오늘만 살고 죽겠다는 심정이 아니라면, 시험 이후의 건강한 삶도 고려하자.

지나친 고카페인 섭취는 어지럼증이나 가슴이 두근거리는 부작용이 있고, 신경이 예민해지기도 한다. 또한 수면을 방해하여 단 1시간이라도 꿀잠이 필요한 수험생의 휴식을 방해한다. 하루 동안 마시는 커피의 양을 정하고, 그 이후에는 따뜻한 차로 대신하는 것을 추천한다.

추천	비추천
포도당 캔디, 젤리, 껌, 초콜릿, 견과류, 한입 크기의 과일류	도넛, 케이크, 빵 등의 제빵류, 손에 묻는 기름진 과자, 부스러지는 과자, 홍시, 수박 등 물이 흐르는 과일

나는 인생을 건 공부를 시작했다

2
소리

공부할 때 음악은 양날의 검이다. 집중이 잘 되지 않을 때는 도움을 주어도 초집중 상태에 빠졌을 때는 오히려 방해가 된다. 도서관에서 공부할 때 이어폰을 꽂은 채 공부하는 친구들을 자주 본다. 과연 집중에 도움이 될지 알 길이 없지만, 주위의 인기척 소리를 아예 차단하는 장점은 있다.

이어폰이 아니라 아예 주변 소음을 차단하는 헤드폰들도 있다. 귀를 완전히 덮어 밀폐시키는 오버이어over ear 헤드폰인데 가격이 꽤 비싼 편이다. 만일 이런 고가의 헤드폰을 착용해야 도서관에서 공부할 수 있다면 차라리 집에서 공부하는 것이 더 효율적일 것이다.

내가 음악을 듣는 이유는 공부가 싫어지거나, 공부로 스트레스를 받을 때였다. 그때마다 밝은 분위기의 음악을 들으며 우울하거나 힘든 기분들을 중화시켜 공부 페이스를 유지했다.

요즘은 카공족(카페에서 공부하는 학생)도 많이 보인다. 나는 카페에서 집중이 잘 되지 않아서 공부 장소로 추천하지 않는다. 그러나 바로 옆자리에 폭탄이 떨어져도 모를 정도로 집중이 잘되는 경우라면 카페의 시끄러운 음악이 들리지 않을 것 같다. 성향이나 습관이 다르니 내 개인의 의견으로 판단하긴 어렵다.

다만, 공공장소에서 이어폰으로 음악을 듣거나 자신의 방에서 음악을 들으며 공부할 때, 가사가 있거나 템포가 빠른 음악은 지양하자. 우습지만 수학 공식을 외우다, 노래 가사를 읊조리거나 어깨가 들썩여지는 부작용이 있다. 또한 이런 음악은 꺼진 뒤에도 여운이 남아 바로 집중하기 어렵다.

몇 년 전에 방송된 드라마 〈응답하라 1988〉에서 고교생인 주인공들이 라디오 프로그램을 들으며 공부하는 모습을 본 적 있다. 요즘은 라디오를 듣는 사람이 별로 없지만, 우리 부모님 세대는 〈이문세의 별이 빛나는 밤에〉 같은 프로그램을 들으며 공부했다.

나는 인생을 건 공부를 시작했다

라디오 DJ의 멘트와 애청자들의 재미있는 사연을 들으며 공부가 잘되었을 것 같진 않다.

공부할 땐 공부만 하자. 공부할 때 공부 말고 다른 일을 하는 멀티태스킹에 성공한 사람을 아직 보지 못했다. 시험 당일 수험장에서는 음악을 틀어주지 않는다. 그것이 정답이다.

추천	비추천
집중이 안 될 때 : 우울하거나 힘든 기분을 중화시켜 공부 페이스를 유지하게 해줄 잔잔하고 밝은 음악 집중하고 있을 때 : off	아이돌 노래, 댄스 뮤직, 라디오 방송 등

3

조명

우리가 공부하는 시간을 최대한 활용하기 위해서는 적절한 장소와 조건을 선택하는 것이 중요하다. 조명이 공부 효율에 큰 영향을 주는 것은 아니지만, 적절한 조명은 눈의 피로를 줄여준다. 반대로 적절하지 않은 조명은 눈에 부담을 주어 두통을 유발하고 눈의 피로감을 가중시킨다. 따라서 장시간 공부하는 장소의 조명 밝기(너무 어둡거나 밝지는 않은지), 스탠드 위치에 따른 그림자 정도, 전구의 색상 등은 한 번쯤 체크해 두는 것이 좋다.

조명의 선택은 개인의 취향이다. 그렇다고 설마 집중력에 절대

나는 인생을 건 공부를 시작했다

도움 되지 않는 반짝반짝 발광하는 미러볼을 달아 공부방을 클럽으로 만들 사람은 없을 것이다.

나의 경우, 조명을 크게 신경 쓰지는 않았다. 조명의 종류보다 환한 곳에서 주로 공부했으며, 도서관에서는 자연광이 들어오는 창가 쪽 자리에 앉는 것을 선호했다. 단, 창문은 절대 마주 보지 않았다. 창밖의 풍경은 공부하는 사람의 시선을 끌기 좋아 집중하는 데 도움이 되지 않는다.

책과 노트만 조명으로 비추는 어둡고 조용한 공간을 선호하는 사람들도 있다. 이들은 사설 독서실을 주로 이용하고, 방 안에서도 실내등을 끈 뒤 책상 위 스탠드만 사용한다. 역시 개인의 취향이므로 어느 쪽이 좋다고 말할 수는 없겠다.

다만 스탠드 불빛이 너무 밝아 눈부시면 눈의 피로도를 높여 시력이 나빠질 수 있으므로 밝기를 단계별로 조절할 수 있는 게 좋다. 이는 자연광도 마찬가지라서 커튼이나 블라인드가 필요한 이유다.

4

책상과 의자

책상은 크게 가리지 않았다. 대부분 크기가 비슷하니 선택의 폭이 넓지 않을 것이다. 뒤에서 다시 이야기하겠지만, 나는 공부할 때 여러 권의 책을 동시에 펼쳐 놓아서 폭이 좁은 것보다 넓은 책상이 편리했다.

의자는 매우 중요하게 생각했다. 집중력에 방해가 된다는 이유로 바퀴가 달린 회전의자 대신 식탁 의자를 사용하는 사람들도 있다고 하는데, 나는 정반대였다. 오랜 시간 책상 앞에 앉아 있으면 허리에 통증이 올 수 있다. 바른 자세를 유지할 수 있으면 좋

　　　　　　　　　　　　　나는 인생을 건 공부를 시작했다

겠지만 집중해서 공부할 때 무의식적으로 목을 거북이처럼 앞으로 빼면서 몸을 웅크리게 된다. 이럴 때 딱딱한 의자는 허리를 편하게 이완시켜 긴장을 풀어주기 어렵다. 회전의자는 등받이에 기대어 몸을 이완시켜 긴장된 근육과 허리를 풀거나, 앉은 채로 간단한 스트레칭도 할 수 있어 편리하다.

무엇보다도 딱딱한 의자에 나처럼 마른 체형의 사람들이 오래 앉아 있으면 엉덩이가 아프다. 마르지 않은 사람도 불편하기는 마찬가지일 것이다.

장시간 앉아 있으면 엉덩이에 땀이 차서 불쾌감을 줄 수 있다. 특히 여름에 반바지를 입고 공부할 때는 맨살이 쩍쩍 붙어 신경 쓰인다. 이를 방지하기 위해 방석을 깔 수도 있지만, 자꾸만 밀려서 신경 쓰일 수 있다.

요즘은 통기성이 좋은 원단으로 허리를 받쳐주도록 설계된 의자들이 많다. 바퀴가 달린 회전의자여도 엉덩이를 받치는 부분이 돌지 않는 반 고정형 의자도 있다. 몸의 피로도와 관련 있으므로 의자만큼은 좋은 것으로 선택하자.

5

필기구

언젠가 TV에서 사람의 몸과 크기가 비슷한 붓을 들고 글씨를 쓰는 서예가의 모습을 본 적 있다. 글씨가 정말 써질까 싶은 그 붓은 죄송스럽게도 대걸레인지 빗자루인지 고약한 표현으로밖에 설명이 되지 않았다. 그러나 서예가가 검은 먹을 흠뻑 묻힌 붓을 끌어안고 하얀 화선지 위에서 춤을 추듯 휘두르자 나도 모르게 탄성이 나왔다. 글씨를 써 내려간 붓 한 올 한 올의 선이 모여 살아있는 듯 기백이 넘쳤다.

명필은 붓을 탓하지 않는다고 했다. 본질은 실력이니 실력을

나는 인생을 건 공부를 시작했다

드러낼 도구가 무슨 소용일까. 그런데 곰곰이 생각해보니 중요한 핵심을 잊고 있었다. 아무리 실력이 뛰어나도, 저 붓으로는 A4 용지에는 글을 쓸 수 없다. 어떤 사물이든 용도가 있고, 필기구도 내가 원하는 용도에 맞을 때 가장 좋은 제품이 아닐까?

어느 날, 유튜브 구독자로부터 공부할 때 어떤 필기구를 사용하는지 알려달라는 요청을 받았다. 평소 크게 의식하진 못했지만, 내가 좋아하는 필기구를 필통에 가득 넣어 놓고 있었다. 내가 주로 사용하는 필기구를 소개하면 다음과 같다.

볼펜

색깔은 검정색을 기본으로 한 파랑, 빨강, 초록색이면 충분하다. 나는 개별 제품이 아닌, 4가지 색이 한 자루에 담긴 4색 볼펜을 사용했다. 필기할 때 볼펜을 바꿔 쥐는 번거로움이 없어서 자칫 놓칠 수 있는 수업 내용에 따라 빠르게 색을 변환할 수 있다.

한국에서는 일반적으로 검정색 볼펜으로 필기한다. 그래서 4색 볼펜을 사용할 때 검정색이 먼저 닳게 되는데, 특이하게도 독일의 학생들은 파란색 볼펜을 주로 사용했다. 이때 많이 쓰는 색의 볼펜심을 별도로 구매해두면 손에 익숙한 펜을 더 오래 사용할 수 있다.

내가 선호하는 4색 볼펜은 프랑스 문구용품 업체인 빅BIC 사 제품으로 대중에게 많이 알려져 널리 사용되고 있다. 학생이나 수험생은 필기구를 오래 쥐고 있기 때문에 손가락과 손바닥에 굳은살이 쉽게 생기고 잘 없어지지 않는다.

나는 볼펜을 쥘 때 엄지와 검지 외의 세 손가락으로 손바닥을 세게 누르는 편이라서 운동선수처럼 두꺼운 굳은살이 손바닥에 늘 있었다. B사의 제품은 손에 힘을 많이 주지 않아도 필기감이 부드럽고 좋았다.

다만, 알파벳을 쓰기에는 적당한데 획수가 많은 한글을 쓰기에는 불편할 정도로 볼펜심의 굵기가 두꺼웠다. 알파벳을 쓰는 경우에는 볼펜이 두꺼워도 상관없다. 그러나 한글은 획이 많아서 얇은 볼펜이 더 효율적이다. 볼펜 브랜드가 중요한 것은 아니므로, 비슷한 품질의 제품들이 많으니 참고만 하고 자신에게 맞는 제품을 선택하자.

지나치게 화려하거나, 깜찍한 인형이나 장신구가 달린 볼펜은 별로 추천하지 않는다. 볼펜 특성상 필기할 때 항상 눈앞에서 시선을 가로채어 집중력에 도움이 되지 않는다. 기분이야 좋아지겠

나는 인생을 건 공부를 시작했다

지만, 필기감이 그다지 좋은 제품을 아직 보지 못했다.

연필, 샤프

연필은 일일이 깎고 다듬어야 하는 과정이 필요해서 잘 사용하지 않았다. 연필을 정성스레 깎으면서 마음이 평온해져 힐링이 된다는 사람들도 있지만, 공부가 시급한 나에게는 공연한 시간 낭비처럼 여겨졌다.

샤프는 그런 불편이 없지만 다른 단점이 있었다. 샤프심이 잘 부러져 책상과 책이 더러워지고, 필기한 내용이 손에 의해 뭉개진다. 당연히 손도 더러워져 신경이 쓰였다. 이런저런 이유로 선호하지 않았으며, 수학 문제를 풀 때나 간혹 사용했다.

브랜드와 제품명이 지워질 만큼 오래 사용했던 샤프가 지금도 있다. 하지만 실제 가장 많이 사용하는 것은 4색 볼펜이다.

형광펜

책 본문이나 필기한 내용 중에서 강조할 부분이 있을 때 사용했다. 형광펜의 용도에 대해 다시 상세하게 설명하겠지만, 중요한 내용을 강조하거나, 반복해서 다시 볼 필요가 있을 때 사용했다.

내가 사용하는 형광펜은 독일 스테들러Staedtler 사에서 나온 것이다. 이 또한 다른 학생들이 많이 사용하는 일반적인 제품이다. 나중에 알았지만, 1662년부터 가내수공업으로 연필을 만들기 시작해 1835년에 공식적으로 기업을 설립한 것으로 알려져 있다. 연필처럼 깎을 수 있는 색연필을 세계 최초로 발명한 곳도 이 회사다. 또 다른 독일 기업 펠리칸Pelikan의 제품도 자주 사용한다. 이 회사는 1838년에 세워졌다.

내가 이 제품들을 사용하는 이유는 역사와 전통이 있는 기업이라서가 아니다. 많은 기업들이 다양한 제품을 시중에 판매하고 있지만, 뚜껑을 닫아 놓아도 너무 쉽게 잉크가 말라버리는 경우가 많았다.

서예는 몰라도 추사체를 모르는 사람은 없을 것이다. 조선 후기 실학자이자 서예가였던 추사 김정희는 지인에게 보낸 편지에 "비록 내 글씨는 보잘 것이 없지만, 평생 열 개의 벼루에 구멍을 뚫고, 붓 천 자루를 닳게 만들었다"고 적었다. 그가 좋은 붓을 써서 실력을 키우고 당대의 최고 명필이 될 수 있었던 것은 아닐 것이다.

펜 한 자루가 닳을 때마다 마음이 뿌듯해지는 이유는 그만큼 자신이 노력했다는 증거이기 때문이다. 당연한 말이지만 유명한 브랜드 제품이 공부의 성공을 보장하진 않는다. 내게 맞는 좋은 필기구의 '사용량'이 공부에 기울이는 노력에 정비례하고 성공을 보장한다.

3장

한계를 지우는 3·3·3 공부법

: 실전법

1

잘 세운 목표가
공부의 시작이다

"넌 꿈이 뭐니?"

우리는 꿈에 대해 많은 질문을 받으며 성장한다. 어른이 되어서도 마찬가지다. 보다 나은 삶을 위해 꿈을 꾸고 이루기 위해 노력한다. 자의든 타의든 생애 최초의 생일잔치에서 하는 돌잡이가 아마 그 시작이었을 것이다. 명주실, 천자문, 붓, 축구공, 야구공, 판사봉, 마패, 현금, 청진기 등은 기본이고 요즘은 카메라, 마우스, 마이크까지 놓는다. 돌잡이 용품의 종류만 보면 과거와 현재를 망라하는 직업들이 아무것도 모르는 아이 앞에 놓이는 셈이다.

재미 삼아 하는 이벤트라고 생각하고 싶다. 그런데 은근히 어른들의 속셈이 보여서 웃음이 난다. 모두 자식 잘되라는 바람이 반영된 것이지만, '무엇을 하는 사람'은 보여도 '어떤 사람'이 되라는 삶의 의미는 잘 보이지 않는다.

초등학생 시절, 우리는 매 학년마다 자신의 장래희망을 적어 학급 게시판에 붙였다. 1학년 때 나뭇잎 모양의 종이에 장래희망과 자기소개를 함께 적어 가는 숙제가 있었는데, 커다란 나무 모양 도화지에 붙여 한 그루의 나무가 만들어지곤 했다. 우리는 그 나무 앞에 서서 나뭇잎에 적힌 내용을 보며 저마다의 꿈과 서로에 대해 자연스레 알게 되었다. 하지만 '장래희망'의 뜻을 몰랐던 나는 집으로 돌아가 엄마에게 물었다.

"엄마, 장래희망이 뭐야?"

"그냥 과학자라고 써."

설마, 부모님께서 나의 미래를 억지로 결정지으려 하셨을까. '장래희망'의 뜻을 몰랐던 나는 '과학자'가 무엇을 하는 사람인지조차 몰랐다. 어른이 된 지금 돌이켜 보니, 부모님은 생업만으로도 바빴던 시절이라 그랬던 것으로 이해하고 있다.

시간이 흘러 초등학교 2학년이 되고 나서, 장래희망이 나의 미래를 계획하는 일이라는 것을 알게 됐다. 어린 나이였지만 진지하게 고민한 끝에 '화가'라고 적었고, 고등학교 1학년까지 디자이너와 산업디자이너로 좀 더 구체적으로 변해가면서 장래희망이 내 미래임을 의심하지 않았다.

그런데 고등학교 1학년 후반, 꿈이 바뀌었다. 나의 새로운 꿈은 '연세대 학생'이었다. 장래희망이 어느 대학의 학생이라니 말이 되지 않는 것처럼 보일 수도 있지만, 당시 내 꿈이자 목표였다.

그런데 수능이 끝나고 비록 원하는 연세대는 아니어도 대학에 입학하면서 기이한 생각에 사로잡혔다. 이대로 내 꿈이 끝나버릴 것 같은 기분이었다. 원하던 대학에 입학했어도 이 기분은 달라지지 않았을 것이다. 꿈이 이루어졌으니, 그 꿈은 완벽한 종료였다.

'꿈은 직업이 될 수 없구나. 그러면 나는 어떤 삶을 살아야 하고, 무슨 일을 하면 보람과 행복을 느낄 수 있을까?'

끊임없이 내 자신에게 질문을 던지면서 내가 동경하는 삶은 무엇일까에 대해 고민했다. 그리고 결론을 내릴 수 있었다.

'멋있게 살고 싶다!'

대학생 때 미국의 화가이자 영화 제작자인 앤디 워홀Andy Warhol의 전시에 간 적이 있다. 당시에는 크게 감흥을 느끼지 못했지만, 호기심이 생겨 인터넷으로 검색하다가 그의 명언에 눈길이 멈추었다.

"일단 유명해져라, 그러면 사람들은 당신이 똥을 싸도 박수를 쳐줄 것이다."

알고 보니 그가 남긴 말이 아니라고 하는데, 이 말은 내 삶의 방향성에 많은 영향을 끼쳤다. 얼마나 직설적이고 풍자적인가. 그의 예술적 재능보다도 자신감에 매료되었고, 나도 그렇게 멋있는 사람이 되고 싶었다. 그리고 내가 생각하는 '멋있는 삶'에 대해 정의를 내렸다.

멋있는 삶 = 존경받는 삶 + 내가 하고 싶은 모든 것을
할 수 있는 삶(도덕적 범위 안에서) + 봉사하는 삶

그렇게 나의 새로운 꿈은 '멋있는 삶'으로 정해졌다. 여기에는 많은 의미가 담겨 있다. 어린 시절 경험한 경제적 어려움은 여유로운 삶을 갈망하게 했고, 원하던 대학을 가지 못한 아쉬움과 콤플렉스는 직업 선택에 영향을 주었다. 어쩌면 마음의 상처를 치유하고 성장하여 행복이라는 결말로 가는 과정이기도 하다. 또한 환경 때문에 내 본연의 색을 잃지 않고, 세상의 영향을 받는 존재가 아닌 영향을 주는 삶을 살고 싶었다. 내가 생각한 거시적인 꿈, '멋있는 삶'의 진정한 정의였다.

나는 인생을 건 공부를 시작했다

꿈을 가질 때 가장 먼저 해야 할 것이 거시적인 꿈을 설정하는 일이다. 인생은 수많은 목적지를 향해 갈 수 있는 바다와 같다. 커다란 배가 어디로 향할지 목적지를 설정하려면 반드시 나아갈 방향이 있어야 한다.

거시적 꿈은 삶의 방향을 정해주는 나침반으로 더 구체적인 꿈과 목표들을 설계할 수 있도록 돕는다. 내 삶의 가치와 의미를 찾아보고, 어떤 삶을 어떻게 살고 싶은지 방향을 정하자. 그래야 구체적인 꿈과 중간 정착지인 목표들을 채울 수 있다.

거시적 꿈_ 진로 결정

거시적 꿈으로 삶의 방향을 정했다면 구체화 작업으로 미시적 꿈인 '직업'을 정할 수 있다. 다음 페이지에 있는 표는 거시적 꿈과 미시적 분류의 예시다.

각자 예시 외의 각 분야에 맞는 진로를 선택할 수 있고, 미시적 꿈은 여러 개가 될 수 있다. 구체적인 진로를 정하는 것이므로 자신의 적성과 재능을 고려해서 정하자. 예체능 계열의 소질과 재능이 있는 사람은 그에 맞는 진로를 결정하고, 빵과 과자 만들기

거시적인 꿈		
멋있는 삶		
존경받는 삶	내가 하고 싶은 모든 것을 할 수 있는 삶 (사업을 하고, 예술을 즐기며, 학문을 추구하는 지적인 삶)	봉사하는 삶

구체화

출판사, 방송, 우편, 통신 관련 종사자 등 정보통신업	금융, 보험, 연금 관련 서비스 제공자 등 금융 및 보험업	의사, 간호사, 치료사, 복지사 등 보건업 및 사회복지 서비스업	초중고등 교육, 학원, 어린이집 관련 종사자 등 교육서비스업	작가, 음악가, 가수, 댄서 등 예술 및 여가 관련 서비스업

※ 편의상 나눈 분류이므로 참고만 하자.

를 좋아한다면 제과제빵사, 패션과 디자인을 좋아하는 사람은 패션디자이너, 시나 소설 등 글쓰기를 좋아한다면 작가를 선택할 수 있다.

나는 '의사'를 미시적 꿈이자 직업으로 선택했다. 좀 더 구체적으로는 '피부'나 '성형'으로 정했다. 그림 그리기와 패션에 관심이 많았기 때문에 미적 감각을 살리면 강점이 될 거라 생각했다.

"전 좋아하는 게 없어요. 특별한 재능도 없고요."

할 수 있는 능력이 없다고 걱정할 것이 아니라, 자신이 하고 싶은 일이 없는 것은 아닌지 먼저 생각해보자. 능력은 얼마든지 만들 수 있다.

특별한 재능이 없다고 자신을 평가했다면, 자신만의 기술을 만들 방법이 널려 있다는 뜻이다. 관련 인터넷 사이트를 통해 국가 기술자격과 민간자격증을 살펴보고, 취업률과 창업 가능 여부 등도 꼼꼼히 따져보자.

미시적 꿈_ 세부적인 목표와 설계

거시적 꿈을 구체화했다면, 이제 미시적 꿈을 설계할 차례다. 나는 현실적인 조건을 감안하여 설계했고, 유학원을 거치지 않고 스스로 정보를 찾은 뒤 유학할 국가와 대학을 선별했다.

현재 학생이든 이미 대학을 졸업한 20~40대든 거시적 꿈을 세운 후, 미시적 꿈인 특정 직업을 정하면 구체적인 설계와 함께 로드맵을 그릴 수 있다.

철저하게 준비했는데도 생각지 못한 변수로 다른 꿈을 꾸게 될 수도 있는데, 그렇다고 실망할 이유는 없다. 한 예로 아이돌 가수

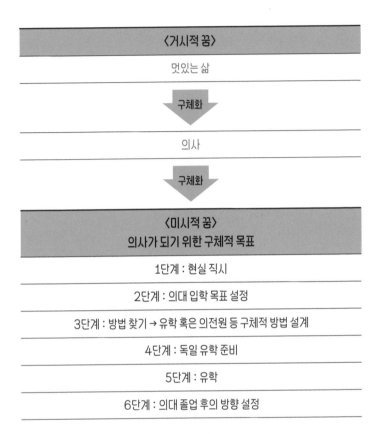

〈거시적 꿈〉

멋있는 삶

구체화

의사

구체화

〈미시적 꿈〉
의사가 되기 위한 구체적 목표

1단계 : 현실 직시

2단계 : 의대 입학 목표 설정

3단계 : 방법 찾기 → 유학 혹은 의전원 등 구체적 방법 설계

4단계 : 독일 유학 준비

5단계 : 유학

6단계 : 의대 졸업 후의 방향 설정

가 꿈이라서 오랜 시간 연습생 생활을 거쳐 데뷔까지 했는데도 성공하지 못했다면, 현실을 직시하고 새로운 미래를 설계해야 한다. 거시적 꿈을 가졌던 처음으로 돌아가 다시 미시적 꿈인 새로운 직업을 목표로 삼고 준비하는 것이다.

나는 인생을 건 공부를 시작했다

미시적 꿈인 구체적인 목표가 정해졌다면, 이 목표를 이루기 위한 단계별 구체화가 다시 필요하다.

〈시험 공부 계획 세우기〉

다음은 내가 시험 전 계획을 세웠던 방법이다.

STEP 1. 과목별 시험 범위 목차 확인

목차를 작게 나누어 계획을 세우고, 비슷한 주제의 내용을 연결 짓는다.

STEP 2. 공부 시간 분배

한 과목당 시험 범위를 총 3회 한다면 1회 공부 후, 2회 시에는 1회 공부하는데 걸렸던 시간의 반을 사용하고, 3회 시에는 2회 공부하는데 걸렸던 시간의 반을 사용한다.

STEP 3. 주요내용 점검 및 실수 줄이기

시험 최소 1주일 전까지 모든 내용이 머릿속에 정리되어 있고, 공책 없이도 내용을 나열할 수 있어야 한다. 오답 노트 정리가 마무리되어 있어야 한다.

4주 후 시험이 예정되어 있으면, 제일 먼저 해당 시험 범위의 목차를 보면서 내용을 파악하고 1주일 간격으로 학습 분량을 나누었다.

과목별로 시험 범위 목차를 확인하는 작업은 매우 편리하고 특별하다. 수학의 미적분을 알아야 물리에 등장하는 속력과 변화 문제를 풀 수 있는 것처럼, 다른 과목이지만 내용이 연결되거나 주제가 비슷할 수 있다. 이때 각 과목의 목차를 파악하고 나눈 후, 공통된 지식을 모아서 한꺼번에 공부하면 시간을 반으로 줄일 수 있다.

이때 공부 시간 분배 관련해서는 주의해야 할 점이 2가지다.

첫째, 과목당 공부 시간을 정하지 않고, 탄력적으로 운영해야 한다는 점이다. 예를 들어 국어, 영어, 수학 각 과목의 공부 범위를 정하고, 공부 시간은 각 1시간으로 배정했다.

먼저 국어를 공부하는데 이해가 되지 않고 중요한 내용이 외워지지 않을 수 있다. 이때 1시간이 지났다고 다음 과목 책을 펼치는 것이 옳은 일일까? 계획과 상관없이 다시 국어책을 펼쳐 모르는 것을 확인해야 한다. 이해가 되지 않는 것 투성인데 이미 공부했으니 됐다고 만족할 수 없지 않은가.

반대로 1시간을 예상했지만, 더 짧은 시간 안에 공부를 마치는 경우도 생긴다. 30분이 남았는데 억지로 붙잡고 있을 필요 없다. 이미 완벽하게 공부했다면 다음 과목으로 넘어가도 상관없다. 이렇게 하면 시간을 탄력적으로 운영하고, 정해진 순서대로 시험 준비를 할 수 있는 자신만의 방식이 만들어진다.

둘째, 하루 중 공부하는 시간을 정하는 것이 아니라, 공부할 양을 정해 그날 모두 끝내는 것이다. 하루에 몇 시간을 공부하는 방식으로는 절대 모든 시험 범위를 소화할 수 없다. 따라서 매일 반드시 공부해야 하는 양을 정하고, 공부 시간과 상관없이 소화하는 것을 목표로 한다.

의대에서 공부를 할 때면 짧은 기간 안에 방대한 양을 공부해야 했다. 시간을 물리적으로 늘릴 수 없으니 더 효율적으로 공부하는 방법밖에 없었다.

정리하면, 나의 공부법은 처음부터 끝까지 일목요연한 목표 설계가 유효했다고 볼 수 있다. 우리가 가야 할 길은 하루아침에 닿을 수 없는 길고 먼 여정이다. 나 역시 독일 유학 후 한국에서 의사 국가고시에 합격하기까지 10년의 세월이 걸렸다.

공부로 꿈을 이루려는 사람에게 정해진 목표와 이를 하나씩 이루어 나갈 수 있는 구체적인 계획표는 지루하고 힘겨운 싸움에서 확실한 이정표가 된다. 소소한 목표를 해냈을 때의 성공이 아무리 작더라도, 이것이 쌓여야만 큰 성공으로 바뀔 수 있다는 것을 기억하자.

나는 인생을 건 공부를 시작했다

2

〔이해력〕

정독이 공부의 반이다

공부를 잘 하려면, 간단하게 3가지 능력 '이해력, 정리력, 암기력'을 높이면 된다. 나는 3번 읽고, 3번 필기하고, 3번에 거쳐 암기하는 나만의 시스템을 만들어 이 능력들을 끌어올릴 수 있었다. 그래서 공부법 이름이 '3·3·3공부법'이다. 먼저 이 공부법의 첫 번째 단계인 '읽기'를 통해서 '이해력'을 높이는 방법에 대해 알아보자.

얼마 전, 한 웹툰 매체가 작가 사인회를 예약하는 시스템의 장애로 사과의 공지를 올렸다가 이용자들에게 뭇매를 맞았다. 그들이 문제 삼은 것은 '심심한 사과'를 드린다는 문구였고, 심심하지 않은데 이런 표현을 한 저의가 무엇인지 따졌다. 심지어 앞으로는 생각이 있는 사람이 공지글을 올리는 것이 어떻냐는 말까지 했다. 여기서 '심심深深'은 마음의 정도가 매우 깊다는 뜻으로 '심할 심深'과 '깊을 심深'을 쓴다. 이와 달리 우리말 '심심하다'는 일이 없어 한가하고 무료하다는 의미로 쓴다.

언어는 시대에 따라 사라지기도 하고 새로 생기기도 한다. 연탄이 사라져가는 지금 '연탄집게'나 '삼발이'라는 단어를 알지 못하는 것이 그렇다. 하지만 '심심한 사과'는 지금도 사과의 당사자가 예의를 갖춰 말할 때 널리 쓰이는 표현이다. 곧 젊은 세대의 문해력 저하 문제는 화두가 되었다.

그 이전에도 비슷한 논란이 있었다. '심심한 사과' 소동은 '사흘간의 황금연휴'를 4일로 받아들인 젊은 세대의 문해력 논란이 불거진 지 2년 만에 발생했다. 지난 대선 기간에 한 정당의 대표가 한 '무운武運을 빈다'는 말을 '운이 없기를 바란다'는 의미로 해석한 젊은 세대도 있었다.

어휘력과 문해력은 이해력과 학습 능력으로 연결된다. 또한 사람들과의 소통에도 필요하다. 대화할 때 말이 통하지 않는다면 오해가 생기니 앞서 열거한 논란들은 일상에서도 문제가 될 수 있다.

문해력과 어휘력은 평소에 독서를 통해 충분히 키울 수 있는

나는 인생을 건 공부를 시작했다

능력이다. 하지만 우리는 입시나 합격과 직결되는 공부에만 매달리고 있어 독서할 시간이 부족하다. 문해력이 낮으면 이해력이 떨어지고, 이해력이 떨어지면 같은 분량의 시험 범위를 남들보다 더 많은 시간 동안 공부해야 하는 문제가 생긴다.

가장 심각한 것은 난이도와 상관없이 시험 문제 자체를 해석하지 못한다는 점이다. 시험 문제를 읽고 무슨 뜻인지 모르는데 정답을 찾을 수 있을까? 비단, 국어나 암기 과목에만 국한되지 않는다. 한국사, 영어, 과학 등 모든 영역에서 곤란을 겪을 수 있다.

"문제를 잘 읽고, 알맞은 답을 고르시오."

우리는 시험 때마다 이 한 문장을 마주한다. '문제를 잘 읽고'라는 것은 말 그대로 잘 읽고 잘 이해해야 풀 수 있다는 뜻이다. '잘 읽는 힘'을 단시간에 급속도로 올리기란 불가능하다. 그렇다고 문해력을 무시하고 공부하는 것은 옳지 않다. 결국 방법은 하나다. 목표량을 정해 꾸준히 독서로 힘을 키우고, 최소한 교과서와 같은 기본서 공부는 반드시 정독으로 시작하는 것이다.

책을 읽는 방법은 크게 정독精讀과 속독速讀 2가지가 있다. 정독은 뜻을 헤아리며 자세히 읽는 것, 속독은 말 그대로 빠르게 읽는 것이다. 두 독서법은 차이가 큰 만큼 장단점도 다르다.

정독은 내용을 충분히 파악하며 읽는 것이라서 이해도가 높다.

그러나 책을 읽는 시간이 길어지므로 1분 1초가 아쉬운 수험생들은 힘들 수 있다.

속독은 책을 빨리 읽게 되므로 같은 시간에 다독할 수 있다는 것이 장점이다. 하지만 정독과 달리 이해도가 떨어질 수밖에 없다. 더구나 문해력이 낮다면, 읽은 것이 무색할 정도로 도움이 되지 않는 경우도 발생한다.

나는 정독이 공부의 절반이라고 생각한다. 우리의 기억은 신기해서 무작정 외운 단편적인 지식보다 다양한 경험으로 축적된 지식을 더 쉽게 받아들이고 저장한다. 즉, 정독으로 공부할 내용의 전체 흐름을 파악하고 이해하면, 기억의 연결 고리가 생겨 본격적인 암기까지 수월해진다.

"교과서 위주로 공부했습니다."

수능 만점자들이 간혹 인터뷰에서 이렇게 말한다. 나는 그 대답을 '교과서를 통해 충분히 내용을 이해하고, 참고서로 보충한 후, 배운 지식을 활용하는 문제 풀이 과정을 거쳤다'는 의미로 받아들인다.

웅장한 백두산의 전체 모습을 바라본 후 천천히 산을 오르며 아름다운 꽃과 우거진 나무들까지 살피고 온 사람과, 헬리콥터로 정상 꼭대기에 내려 풍경을 살피고 온 사람 둘 중 누가 진정 백두

산을 경험한 사람일까?

3번 읽기

——

1회 읽기 **목차를 읽고 내용 정독하기**

목차 확인 및 정리는 '읽기, 필기, 암기' 모든 과정에서 가장 우선적으로 한 일이다. 그래서 정독의 시작은 '목차 읽기'였다. 공부할 모든 내용이 한눈에 보이는 것은 물론, 과목에 따라 목차가 기승전결을 갖추고 있어서 전체적인 구조와 내용 파악이 쉬웠다. 또한 목차에 담긴 각각의 제목은 해당 내용의 주제이자 키워드로 반드시 알아야 할 핵심이기도 했다.

목차를 보면 대주제와 소주제가 있는데 이것이 가장 중요한 키워드다. 그래서 주요내용을 머릿속에 넣을 때와 필기할 때 다음과 같이 정리했다.

    1. 대주제   1) 소주제

                  2) 소주제

                  3) 소주제

본문을 정독하다 보면, 핵심 주제와 키워드가 보인다. 이 부분을 심화학습할 때 놓치지 않도록 형광펜으로 표시했다.

시각화만큼 좋은 학습법은 없다. 내가 마인드맵이나 다이어그램을 사용한 것도 같은 이유다. 교과서에 등장하는 모든 사진, 그림, 도표, 그래프는 이해를 돕기 위한 효과적인 자료들이다.

그래서 복잡한 흐름이 있거나, 중요한 내용이 많은 부분은 내 방

정독 후 머릿속을 정리하면서 그린 표

식대로 표를 그렸다. 표로 만들면 한눈에 전체 내용이 잘 보이고, 표를 그리면서 머릿속에 정리가 되어 나중에 기억할 때도 쉽다.

앞서 말했듯이 공부의 기준이 되는 것은 하루 '몇 시간'을 했는지가 아닌, '몇 페이지'를 했는가다. 그래서 나는 과목당 공부 시간을 정하지 않았다.

내가 만일 3시간 동안 공부하겠다고 정했다면, 그 시간 안에 10페이지를 공부할 수도 있지만 겨우 5페이지에서 멈춰야 할 수도 있다. 그래서 정독이든 심화학습이든 시간이 아닌 공부할 양을 정하고, 목표량을 채웠을 때 휴식을 취했다.

특히 정독은 해당 내용이나 주제가 정리되는 페이지까지 마무리 짓는 것이 중요하다. 나는 되도록 대단원이나 소단원으로 목표를 정하여 공부하는 내용의 흐름이 끊기지 않도록 방지했다.

또한 첫 정독은 정성스럽다고 할 만큼 공을 들였다. 하지만 모든 내용이 사진처럼 뇌리에 찍히는 것은 아니었다. 그러나 미리 표시한 핵심 내용에 중점을 두고, 다시 정독할 땐 소요 시간이 절반으로 줄었다.

완벽한 기억은 지워지지 않는다. 주기율표나 화학식은 외우기 힘든데 이름, 주민등록번호, 집 주소가 쉽게 기억되고 지워지지 않는 이유는 '반복 사용'에 있다. 공부로 얻은 지식도 마찬가지다. 정독이 아니어도 반복해서 훑어보는 것만으로도 많은 도움이 된다. 우린 이것을 '복습'이라 부른다.

내가 나를 가르치는 법

공부 목표를 세우고, 정독과 심화학습으로 이어진 공부는 이해까지 되어야만 완벽한 나의 실력이 된다. 나는 책을 눈으로 읽고, 손으로 쓰며, 귀로 듣는 3가지 일반적인 방법 외에 한 가지를 더 활용했다. 공부한 내용을 끊임없이 반복해서 나 자신에게 '말하기'였다.

이 방법은 다음 장인 '암기력'에서 좀 더 자세히 설명하겠지만, 단순하게 외워야 할 키워드를 중얼거리는 것이 아니었다. 공부한 내용의 인과관계를 정확하게 파악하고 이해할 수 있도록 질문과 답변을 활용했다. 예를 들면 이런 방식이다.

"난산의 원인은?"

"비정상 분만으로 지연 장애나 정지 장애가 있을 때 제왕절개를 해야 하는 상황은?"

때로는 질문과 답변이 아니라, 내용의 흐름에 맞게 설명했다. 이해가 아주 어려웠던 내용이나 암기가 잘되지 않는 내용은 선생님이 되어 학생을 가르치듯 설명해보면, 부족한 것이 무엇인지 쉽게 찾아낼 수 있었다.

이렇게 자문자답하거나 스스로 설명하며 이해하는 학습법은 별도의 시간을 정하지 않고 수시로 이루어졌다. 아침에 눈을 뜰 때, 샤워할 때, 학교에 가기 위해 화장할 때나 옷을 갈아입을 때, 식사를 준비할 때 등 집 밖으로 나가기 전까지 빼놓지 않고 치르는 의식과도 같았다.

솔직히 쉬운 일은 아니었다. 계속 말을 한다는 것은 생각보다 힘들었고, 체력 소모가 많아 현기증까지 났다. 그런 날은 너무 지쳐서 차라리 머릿속으로 말해야 했다.

그러다 베네딕과 함께 공부하게 된 이후에는 나를 향한 혼잣말들이 그를 향하게 됐다. 나를 향한 혼잣말이 완전히 줄어든 것은 아니어도, 서로 나누어 공부한 덕분에 힘이 덜 들었던 것 같다. 게다가 그를 향한 적당한 경쟁심이 생겨 나도 더 열심히 해야겠다는 공부 자극이 되기도 했다.

누가 내게 "어떻게 그런 방법을 생각했어요?"라고 묻는다면 솔직히 잘 모르겠다. 본능적으로 내게 가장 효과적인 공부법을 찾아 시도했고, 결과가 좋았던 방법을 습관으로 만든 것이다.

그러다 이 책을 준비하며, 나보다 더 공부 잘했던 친구들의 공부법이 궁금해졌다. 놀랍게도 나의 방법과 크게 다르지 않았다. 다만, 내가 그랬듯 그들 또한 자신에 맞게 조금씩 특화된 방법을 썼다.

늦은 밤에 공부해야 집중이 잘되는 사람과 새벽에 공부해야 하는 사람이 있듯이, 저마다의 스타일과 장점이 다르다. 자신만의 장점을 적어보고, 공부에 연결시킬 수 있는 방법을 생각해보자. 나아가 자신이 취약한 부분을 파악한 뒤 보완하는 방법도 찾아볼 수 있다. 이해력은 좋지만 암기력이 약한 경우, 다양한 암기법을 찾아보고 나에게 맞게 바꾸어 습관화시키는 식이다. 이렇게 꿈은 한걸음씩 현실이 되어간다.

3

〔정리력〕
나만의 요약본을 만들어라

공부를 잘하는 친구들에게는 다른 학생들이 갖지 못한 절대무기가 있다. 그것은 바로 세상 그 어느 참고서보다도 완벽하게 정리한 '필기 노트'다. 이들의 노트는 거의 전설에 가깝다. 한 번이라도 빌려 볼 수 있다면 노트의 주인처럼 공부를 잘할 수 있을 것만 같다. 그렇다고 평균을 밑돌던 점수가 갑자기 수직 상승할 것도 아닌데도 말이다.

필기 노트가 중요한 이유는 우리가 그토록 소원하는 암기에 지대한 영향을 끼치기 때문이다. 우등생의 필기 노트에는 모든 수업 내용이 일목요연하게 담겨 있다. 또한 선생님이 중요하다고 강조했던 핵심 내용이 빠짐없이 기록되어 있다. 그런데 조금 이상하다. 이런 장점만 놓고 본다면 잘 만들어진 참고서와 별반 차이가 없어서다. 어차피 참고서에 모든 내용이 정리되어 있는데 우리는 왜 필기를 따로 해야 할까?

정리가 잘된 필기 노트를 보면 부정할 수 없는 사실이 있다. 수업 시간에 열심히 공부한 학생, 선생님의 말씀을 하나도 놓치지 않고 집중한 학생, 집에 돌아가서 혼자 공부할 때도 시간을 허투루 보내지 않는 학생들의 노트라는 점이다.

내가 필기에 더욱 공을 들이기 시작한 것은 성적이 한창 오르며 공부에 자신감이 생겼던 고등학교 2학년 때였다. 하지만 정해진 시간 안에 진도를 마쳐야 하는 선생님들의 말씀을 잘 정리해서 적는다는 것은 불가능할 정도로 빠르다. 그래서 수업 시간에는 닥치는 대로 노트에 메모하기 바빴고, 집에 돌아오면 교과서를 정독하며 알아보기 쉬운 수식, 그래프, 표 등을 이용해 다른 노트에 정리했다.

나는 필기가 참고서와 다른 점이 여기에 있다고 생각한다. 일련의 수업 과정을 생각해보자. 선생님은 수업 시간에 우리가 이해할 수 있도록 지식을 설명하고, 우리는 또 그것을 자신의 것으로 만들려 노력한다. 때때로 질문과 답변이 오가고, 때로는 토론으로 좀 더 깊이 있는 수업이 진행되기도 한다.

그런데 필기를 하지 않는다면 어떻게 될까? 당연히 우리의 기억은 점점 희미해지고 수업에서 배운 내용을 잊게 될 것이다. 하지만 노트에 잘 정리해둔 지식은 수업과 연결고리가 되어 잘 지워지지 않는다. 기억이 희미해질 때 노트를 열어 보는 것만으로도 수업 내용이 고스란히 확인되기 때문이다.

요즘은 대학생들이 노트 대신 노트북이나 태블릿으로 필기를 하기도 한다. 얼마나 효율적일지 나로서는 장담하기 어렵다. 필기구를 이용한 손 필기에 익숙한 세대라 디지털 문화에 익숙하지 않아 그럴 수도 있다.

그래도 나에게 더 효과적인 필기법을 묻는다면, 손 필기를 선택하겠다. 설령 태블릿에 터치펜으로 글씨를 쓰더라도 마찬가지다. 또한 손으로 필기할 때는 강조의 의미로 사용하는 색색의 펜을 쉽게 바꿔가며 쓸 수 있지만, 노트북이나 태블릿에서는 꽤 번거로워 보인다. 결정적으로 글자 입력은 쉬워도 그래프나 도표 등을 그리기 쉽지 않다. 그래도 필기를 하지 않는 것과는 많은 차이가 있다.

3번 쓰기

———

노트 필기법을 단계별로 알아보기 전에, 전체적인 순서를 먼저
알아보자.

1. 목차 보기

2. 비슷한 내용 묶어서 정리하기

3. 전체적인 흐름 보기

4. 내용 정리 및 도표화

5. 오답 노트 작성

다음은 3회에 거쳐 한눈에 들어오는 요약본을 만드는 방법이다.

1회 필기 교과서와 참고서를 정독하면서 필기

필기할 과목의 교과서와 참고서를 모두 펼치고, 노트나 A4용
지에 중요내용을 빠짐없이 적었다. 이때 참고서에 있는 내용을
똑같이 적는 게 아니라, 자신만의 언어로 자신이 알아보기 쉽게
적는 것이 중요하다. 중복을 피하려면 정독도 함께 이루어져야
한다. 필기의 양이 많아도 상관없다. 마지막 세 번째 필기에서 핵

심 내용만 남게 정리할 수 있다.

필기구는 4색 볼펜의 파란색이나 검정색을 사용했고, 중요한 내용에는 밑줄을 그었다. 필기한 내용을 정독할 때는 밝은 색 사인펜을 사용했다.

2회 필기 첫 번째 필기한 내용 중 핵심 내용 필기

두 번째와 세 번째 필기 시에는 '노트 필기'와 중요내용을 별도로 정리해 '책에 부착하는 작업'을 병행했다.

펼쳐 놓았던 책을 모두 치우고, 첫 번째 필기 내용을 다시 정독하며 중요한 부분에 표시하고, 대주제와 소주제마다 색깔 볼펜으로 구분했다. 동사로 끝나는 문장은 최대한 명사로 노트에 정리한다. 첫 번째 필기에서 중복된 부분이 있으면 삭제하고, 순서가 뒤죽박죽되어 있는 것은 이 단계에서 정리할 수 있다.

이때 복잡한 부분이 있거나, 방금 읽었던 주제와 다음 주제가 헷갈리는 부분이 있으면 표로 한눈에 보기 좋게 정리해 책에 붙였다. 이 표를 내용이 시작하는 부분에 붙이면, 다음 주제를 공부할 때 비교하면서 확실히 알아갈 수 있다.

예를 들면 다음 사진과 같이 3가지 질환에 대한 내용을 표와 간단한 수식으로만 표현하여 한눈에 알아보기 쉽도록 정리했다.

	자궁내막증	자궁샘근증	자궁근종
나이	25 - 45	≥40	30-45
월경통	(++)	(++)	(+)
월경과다	∅	++	가끔
성교통	++	-	+
Parity	nullipara	multipara	rare (5-10%)
불임	가끔 (75%)	20%	
Uterus	크기 정상. nodular retroversion 운동성↓	Diffuse enlargement 자궁후벽 비대칭적으로 두꺼움. 자궁 이론후때 크기	intramural m/c Submucosal m/s (불임.유산) → hysteroscopy 2° Degeneration: Hyaline (m/c) red (임신시. 진통제) (군데인)

치료	Progestin (TOC)
	laparoscopic
	cystectomy
	불임 ⇒ only 수술.
		증상치료
		→ NSAID. OC
		Progestin
		Hysterectomy
		Mirena
		(levonorgestrel 분비
		자궁내 장치)
			GnRH agonist.
			Hysterectomy
			Myomectomy
			
			· 증상없고 작음 해당 X
			  ⇒치료X
			· 임신시 과도한 치료X
			· 이전에 myomectomy
			  한 여성은 c-sec

햇갈리는 내용을 한눈에 볼 수 있게 정리한 표

3회 필기 표와 그래프를 이용하여 1페이지짜리 요약본 만들기

세 번째 필기가 온전히 요약본이 되는 마지막 필기였다. 책의 각 단원의 첫 장에는 그래프나 수식으로 모든 내용을 최대한 요약한 종이를 붙였다.

내 머릿속에 모든 내용이 있는지 확인할 때 첫 장만으로 확인

나는 인생을 건 공부를 시작했다

할 수 있고, 시험 직전 마지막 점검 때도 이 요약본만 보면 되므로 매우 중요하게 생각했다. 핵심 내용만 암호처럼 적혀 있어도 전체 내용을 알아보는 것에는 문제가 없었다. 3회에 거쳐 빠진 것 없이 완성도를 높였다면 부연 설명이 이미 머릿속에 남아 있어서다.

한 페이지에 중요한 내용을 모두 담기 어려운 경우에는 A4용지 2장을 이어 1페이지로 만들어 정리했다. 뒷장에는 각 주제를 이해하기 쉽게 풀어서 담았는데, 이때도 서술어가 아닌 수식으로 정리했다.

1. 대주제			
	1. 소주제	2. 소주제	3. 소주제
1. 키워드	내용	내용	내용
2. 키워드	내용	내용	내용
3. 키워드	내용	내용	내용
기타	내용	내용	내용

나만의 요약본 만들기 기본 형식

요약본은 필요에 따라 책의 해당 부분에 붙이거나, 요약본끼리 모아서 보기도 했다. 요약본을 만들 때는 4색 볼펜의 파란색이나 검정색을 사용했다.

필기구 활용법

———

'필기할 때'와 '정독할 때' 필기구를 다르게 사용했다. 먼저 '필기할 때' 필기구 활용법에 대해서 소개한다. 앞서 필기할 때 간략하게 설명했던 필기구에 대한 상세 내용이다.

〈필기할 때〉

1회 필기 시 사용한 필기구

4색 볼펜의 파란색이나 검정색 사용을 사용했다. 3색 또는 4색 볼펜을 사용하면 필통을 뒤적거리는 시간을 아낄 수 있다.

노트 필기를 할 때 샤프는 거의 사용하지 않았다. 시간이 지나면 필기한 내용이 흐려지거나 번져서 불편했다. 대신 수학이나 물리 등의 문제를 풀 때 사용했다.

2회 필기 시 사용한 필기구

중요한 내용을 강조하면서 대주제와 소주제를 색깔 볼펜으로 차별화했다. 파란색이나 검정색으로 기본적인 필기를 하고, 다른 색은 중요내용이나 다른 내용과 구분이 필요할 때 사용하였다.

예를 들어 검정색으로 필기할 때 파란색으로 각 주제를 적었고, 빨간색은 중요내용을 표시하는 데 사용하였다. 이때 색의 통일성을 이용해 필기 시 나만의 규칙(중요한 것 빨간색, 잘 잊는 것 파란색 등의 규칙)을 만들 수 있다.

3회 필기 시 사용한 필기구

마지막 필기에서는 눈이 아프지 않도록 여러 가지 색깔의 필기구를 사용하지 않았고, 4색 볼펜의 파란색이나 검정색을 사용했다. 그 이유는 모든 내용을 꼼꼼히 보기 위해서였다. 색이 너무 많으면 오히려 집중력이 흐트러지게 되고, 색이 있는 단어와 내용에만 초점이 맞춰져 완벽한 공부를 할 수 없게 된다.

〈정독할 때〉

다음은 교과서, 참고서, 자신이 필기한 노트 등을 '정독할 때' 사용했던 필기구다.

밝은 색 사인펜 → 어두운 색 사인펜 → 어두운 색 형광펜

강조의 의미로 사용하는 하이라이터는 처음 정독할 때 눈에 튀지 않는 연회색과 같은 밝은 색 사인펜, 두 번째 정독할 때 좀 더 어두운 색 사인펜, 마지막에는 제일 어두운 색의 형광펜을 사용했다.

처음 정독할 때 밝은 색을 사용한 이유는 중요한 내용을 표시하는 용도가 아니라, 작은 부분도 놓치지 않았다는 증거를 남기기 위해서였다. 어두운 색의 사인펜은 중요한 내용을 표시할 때 썼다. 마지막에 사용한 형광펜은 주요내용이 아니라, 잘 외워지지 않거나 자꾸 잊어버리는 부분을 표시하는 용도였다.

여기서 중요한 것은 보편적으로 중요하다고 생각되는 부분에 표시하는 것이 아니다. 자신이 자꾸 틀리고 잊어버리는 부분에 표시하는 것이다. 공부는 남이 중요하다고 하는 것이 아닌, 자신에게 부족한 것을 채우기 위해 하는 것이기 때문이다.

4

모자란 2%는
오답 노트로 채워라

시험을 가끔은 즐거운 마음으로 기다렸던 나도, 만족스럽지 않은 결과가 나왔을 때는 실망과 좌절로 몸부림쳤다. 현재 실력이 아무리 좋아도 제대로 반영되지 못하는 수시 제도에 실망도 해보았고, 독일에서 의사가 되어 돌아와 필기 시험에는 합격하고 실기 시험에는 떨어진 예비시험 결과도 예상 밖의 일이었다.

감정을 배제하고 냉정하게 생각하자. 나는 반복되는 시험으로 무엇을 얻고, 무엇을 놓쳤을까. 시험 결과는 준비 과정에서 보여준 노력과 상관없이 내 실력이라고 해야 맞지 않을까? 노력이 더

할 나위 없이 뜨거웠어도, 실력을 평가하는 기준은 지독하게 냉혹하여 작은 실수를 그냥 넘기는 일이 없다. 만약 오답 노트를 작성하지 않았더라면, 나 자신을 냉정하게 들여다보고 진정한 실력을 채우는 일에 허점이 생겼을 것이다.

시험은 실력과 재능을 평가한다. 그래서 우리는 본 시험을 앞두고 어떠한 방식으로든 실력을 테스트하게 된다. 그 과정에서 만점을 받지 않는 이상 몰라서 틀린 문제, 출제자의 함정에 빠져 오답을 쓴 문제, 분명히 공부했는데 기억나지 않아서 틀린 문제들을 매번 확인하게 된다.

나도 마찬가지지만, 공부를 잘하고 열심히 하는 친구들은 반드시 오답 노트를 작성했다. 특히 늘 상위권을 놓치지 않는 친구들은 참고서보다 오답 노트를 더 중요하게 여겼다.

그러나 지금까지 오답 노트를 한 번도 만들어본 적 없는 사람은, 본 공부보다 힘든 오답 노트 작성이 시간 낭비처럼 느껴져 이런 생각이 들 수도 있다.

'그냥 더 열심히 공부해서 안 틀리면 되잖아?'

또한 하위권에 해당하는 학생일수록 써야 하는 오답 노트의 양이 더욱 많아져 막막할 것이다. 안타깝게도 우리는 대부분 한 번 틀린 문제를 반복해서 틀리는 경향이 있다. 오답 노트가 아니라면 이러한 부분을 확실하게 바로잡기 어렵다.

경험상 오답 노트를 작성하는 과정은 단지 틀린 문제를 확인하는 것에 그치지 않았다. 그 과정에서 실수를 바로잡으며 자연스럽게 다시 한 번 공부가 되었다. 무엇보다도 내가 그 문제를 왜 틀렸는지 파악할 수 있어서 좋았다. 오답을 정리하고 얻게 되는 것은 더 이상 실수를 허용하지 않는 진짜 내 '실력'이다.

아무리 시험 범위가 방대해도 문제의 유형은 비슷하기 마련이다. 공부해야 할 내용은 달라지지 않고 당락을 결정할 문제만 진화하는 것을 알고 나면, 오답 노트를 무시하긴 어려울 것이다.

모르는 것을 배우고 익히는 것이 공부다. 시험으로 나의 실력을 평가했을 때 틀린 문제를 바로잡지 않는다면 스스로 실력의 한계를 정해 갇히는 것과 다름이 없다. 진짜 실력은 나를 객관적으로 들여다보고 약점을 파악하여 고쳤을 때 얻게 된다.

오답 노트 작성법

───

오답 노트를 만들 때는 앞서 소개한 노트에 필기하는 방법과 차이를 두었다. 다음 내용을 참고하자.

1. 워드로 작성한다.

필기는 손으로 직접 썼지만, 오답 노트는 워드로 작성했다. 오답 노트를 손글씨로 쓰면 자칫 지저분해지거나 정리가 안 되어 보였기 때문이다. 또한 워드로 작성하면 2가지 장점이 있다. 특정 주제에 대해 찾을 때 파일에서 검색해 바로 찾을 수 있다는 점과, 파일을 PDF로 변환해 놓으면 언제든 핸드폰으로 다시 꺼내 볼 수 있다는 점이다.

2. 주제별 또는 내용별로 묶어 정리한다.

헷갈리는 부분에서 항상 틀리게 된다. 나의 경우 '염색체의 위치에 따라 혈액암이 나타나는 부분'이 상당히 헷갈렸는데, 다음과 같이 비슷한 것들을 한곳에 묶어 정리하여 해결했다.

> Burkitt's lymphoma - t(8;14)
>
> Follicular lymphoma - t(14;18)
>
> AML - t(8;21)
>
> CML - t(9;22)

이렇게 하면 하나를 틀렸을 때 다른 것들도 다시 볼 수 있어 반복학습을 할 수 있다. 단지 정리해서 나열만 하면 잘 외워지지 않는데, 이때는 자신만의 짧은 스토리를 만들자.

Burkitt's lymphoma의 **B**는 **8**과 비슷한 모양이고, kitt의 itt는 얼핏 14와 비슷하다. AML은 acute(급성)로 나타나고, CML은 chronic(만성)이기 때문에 AML보다 CML은 숫자가 모두 1개씩 더 추가되어 나타나고, AML의 8은 eight 즉 에이와 발음이 비슷하다.

이런 식으로 자신만이 알아볼 수 있는 스토리를 만들면 암기에 많은 도움이 된다.

주제별로 묶어 오답 노트를 정리하는 것도 좋지만, 내용별로 묶는 것 역시 큰 도움이 된다. 어떠한 질환 때문에 손바닥과 발바닥에 홍반이 발생했다면 증상만 보고 의심할 수 있는 질환들을 정리하는 식이다. 그래서 그 증상이 문제에 나오면 관련 질환들을 바로 유추해낼 수 있도록 했다.

뿐만 아니라, 예를 들어 그 질환이 '매독2기, 간경화, 수족구' 등이라면 매독의 다른 증상도 함께 정리했다. 이렇게 머릿속에서 연결고리를 만들려면 오답 노트가 필수적이다.

3. 내용이 상반되는 것 역시 묶어 정리한다.

예를 들어 교감신경과 부교감신경 역시 표로 나누어 정리해서 공부했다.

교감신경 (신체 긴장)	부교감신경 (신체 안정)
동공 확장	동공 축소
심박수 ↑	심박수 ↓
기관지 ↑	기관지 ↓
침샘 ↓	침샘 ↑
위운동 ↓	위운동 ↑
장운동 ↓	장운동 ↑
방광 이완	방광 수축
놀라서 눈이 커지고 (동공 확장) 심장이 너무 뛰고 (심박수 증가) 숨을 크게 들이마시는데 (기관지 확장) 긴장해서 침이 바짝바짝 마르고 (침샘기능 저하) 놀라서 체함 (위장운동 저하) 소변을 참으니 몸이 긴장함 (방광 이완)	반대

4. 틀린 문제에 나온 보기 외에도, 틀린 문제의 주제에 해당하는 내용을 모두 적는다.

틀린 문제에 나온 보기만 오답 노트에 적으면, 다른 방식으로

나는 인생을 건 공부를 시작했다

문제가 나오거나 보기가 달라질 경우 다시 틀리게 된다. 따라서 모든 선택지의 가능성을 오답 노트에 모두 적어 외우자. 예를 들면, 다음과 같은 문제가 있다.

우울증 수면장애에 해당되지 않는 것은?

① 전체 수면시간 감소

② 서파수면

③ 4단계 수면시간 감소

④ REM 시간 증가

⑤ REM 간격 증가

이 문제의 답은 ⑤번이다. 우울증 수면장애에 관련한 모든 것들을 오답 노트에 적는다. 이때 우울증 수면장애는 보통 REM Pressure를 나타낸다는 것을 알아야 한다.

우울증 수면장애=REM Pressure

감소하는 것(↓)	증가하는 것(↑)	
전체 수면시간 4단계 수면시간 REM 간격 REM latency	REM 시간	서파수면

이때 REM 수면이 무엇인지 의미를 제대로 알아야 하기 때문에 이어서 정리한다.

REM 수면 - 프로락틴 관련

    - 꿈 多

    - 뇌의 단백질 기능 회복

    - 근긴장도(NREM보다 더↓)

    심박/ 호흡수 불규칙

    혈압/ 뇌온도/ 뇌혈류↑(뇌대사↑)

    - 기면병, 악몽, 렘수면 행동장애

NREM 수면 - 성장호르몬 관련

    - 꿈 가끔

    - 신체/ 근육기능 회복

    - 근긴장도/ 호흡수/ 심박/ 혈압/ 뇌온도/ 뇌혈류↓

    - 야경증, 몽유병, 이갈이, 유뇨증

이때 몽유병에 관련된 뇌 기능이 궁금하면 마찬가지로 이어서 정리한다. 이른바 '꼬리에 꼬리를 무는 오답 노트 정리법'이다.

나는 인생을 건 공부를 시작했다

5. A4용지에 프린트를 할 때 4페이지가 한 면에 출력해 보는 속도를 높였다.

이때 출력은 같은 주제로 묶는다. 호흡기내과와 산과가 있다면 호흡기내과별로 묶고, 산과는 산과별로 묶어 출력한다. 오답 노트 첫 페이지에는 이 오답 노트에 어떤 과목들이 있는지 알아보기 쉽게 적었다.

A4용지에 출력한 오답 노트

오답률을 줄이는 의외의 방법

———

취업을 앞둔 면접 자리에서 이런 질문을 받았다면 당신은 어떻게 대답할 것인가?

"회사에서 일하면서 가장 중요한 것은 무엇이라고 생각하세요?"

'책임감, 팀워크, 동료들과의 소통' 등과 같이 합격에 유리한 모범적인 답변을 떠올리려면, 면접자가 아닌 기업의 입장, 즉 자신을 평가하는 면접관의 입장에서 생각해봐야 한다. 자신만의 이익을 고려해 "회사 복지요!"라고 말하는 순간 탈락이다.

상대방의 입장이 되어 생각하는 역지사지易地思之의 관점은 공부할 때도 매우 중요하다. 앞서 말했듯, 나는 베네딕과 서로 시험 범위를 나누어 공부하고 상대방에게 가르치는 방식으로 시간 대비 공부의 효율을 높였는데, 공부 내용에 대한 새로운 상황과 가설을 만들어 서로 토론하며 더 심도 있게 공부를 할 수 있었다. 서로 출제자의 입장이 되어 질문을 하면서 저절로 중요한 것이 파악됐다.

또한 비슷한 주제들뿐만 아니라 서로 다른 주제들도 연결시켜보면서 일부가 아닌 전체를 볼 수 있게 되었는데, 실제로 그러한 문제들이 시험에 나오기도 했다. 혼자 공부할 때보다, 남을 가르

나는 인생을 건 공부를 시작했다

칠 때 더 큰 이해와 깨달음을 얻었다.

"내가 출제자라면 이렇게 문제를 내겠어. 이거랑 저것이 비슷해 보이니 얼마나 헷갈리겠어?"

공부하면서 친구들과 가장 많이 했던 말이다.

다시 말하지만, 누군가로부터 평가를 받는 경우에는 꼭 상대방의 입장에서 생각해보자. 시험이건 면접이건, 상대 혹은 출제자의 의도를 파악하여 오답률을 줄일 수 있다.

이외에도 학교 다닐 때 일명 족보라고 불리는 기출 시험지를 가지고 있으면 공부를 하고 시험을 보는데 유리하듯이, 어떤 시험이든 기출 문제를 풀어보면 자주 출제되는 부분과 문제의 패턴을 파악할 수 있어 오답률을 줄일 수 있다.

5

[암기력]

알면서도 알지 못하는 기억의 비밀

"기억은 신의 선물, 망각은 신의 축복."

누군가 이렇게 말했다. 분명 숨은 뜻이 있겠지만, 그래도 정확하게 표현하고 싶다. 공부하는 사람에게는 그냥 기억이 아니라 '좋은 기억이 선물'이고, 잊지 말아야 할 것을 잊는 '나쁜 망각은 신의 저주'라고.

열심히 공부했는데 자고 일어나면 기억이 희미해져 필기 노트를 반복해서 들여다본 날들을 생각하면, 나쁜 망각은 분명 신의 저주가 분명하다. 한 번만 읽어도 절대 까먹지 않는 기억력을 가

나는 인생을 건 공부를 시작했다

진 사람은 얼마나 좋을까. 그러면 두 번 세 번 반복해서 같은 공부를 하는 일은 없을 것이다.

공부법에 대해 검색해보면 '자기암시, 필사, 사색, 적절한 휴식, 이미지로 생각하기, 토론하기' 등 공부에 일가견 있다는 사람들의 공부법과 함께 대표적인 인물로 레오나르도 다빈치Leonardo da Vinci 와 알버트 아인슈타인Albert Einstein의 일화가 소개되어 있다. 정말 이렇게 하면 그들처럼 공부를 잘할 수 있을까? 대체 이 중에서 우리가 하지 않은 것이 몇 가지나 될까?

하지만 천재였던 레오나르도 다빈치나 아인슈타인도 절대 피해갈 수 없는 공포(?)가 있었으니 바로 '망각'이다. 우리의 기억은 '단기기억'과 '장기기억'으로 나뉜다. 신이 인간을 만들 때 뇌세포 하나하나에 큰 의미를 두었는지 알 수 없지만, 우리의 뇌에 오래 남는 기억과 쉽게 잊히는 기억이 있다는 뜻이다.

전문용어라고 어렵게 생각할 필요 없다. 시험 전날까지 공부를 전혀 하지 않다가 당일 아침 또는 시험 보기 바로 전 쉬는 시간에 벼락치기 공부를 했다고 가정해보자. 부랴부랴 책을 펼쳐 공식이라도 일단 외우자는 생각으로 급하게 외웠다. 시험에서 공식을 응용한 문제가 나와도 '그게 뭐였지? 분명 봤는데?' 하며 잘 떠오르지 않는데, 벼락치기로 외운 것은 바로 단기기억이기 때문이다.

연구에 의하면, 단기기억은 18초가량 유지되었다가 쉽게 잊히고 10% 정도만 기억에 남는다고 한다. 벼락치기 공부가 진짜 실력이 되지 못하는 이유다.

방금 들은 전화번호를 핸드폰에 바로 저장하거나 메모하지 않으면 결국 잊어버리는 것도 마찬가지다. 또한 단기기억은 방해를 받으면 순식간에 삭제된다. 메모하려고 열심히 입으로 외우고 있을 때 친구가 옆에서 말을 걸면 까맣게 잊게 되지 않던가.

장기기억은 말 그대로 우리의 머릿속에서 지워지지 않는 기억이다. 설령 잊고 있어도 유사한 상황이 발생하거나 일부러 떠올리려고 노력하면 생각이 난다.

쉬운 예로 누군가의 이야기를 듣고 "그거 나도 알아!" 하며 기억이 떠올랐을 때다. '단기기억'과 '장기기억'의 개념이 처음에는 어렵게 느껴졌어도, 예시를 알고 나니 쉽게 느껴질 것이다. 새로운 정보가 이미 알고 있었던 '기억력에 대한 정보'를 만났기 때문이다.

아마 당신도 앞으로 단기기억과 장기기억의 개념을 잘 잊지 않게 될 것이다. 어쩌면 훗날 누군가에게 친절한 설명을 할 수도 있다. 바로 여기에 우리가 절대 간과해서는 안 될 암기력의 비밀이 숨어 있다.

나는 인생을 건 공부를 시작했다

암기력의 비밀은 경험치에 있다

───

설마 내가 의사가 되기도 전에 기억력이 뭔지 이해하고 공부했을까? 학술적으로 기억력을 어떻게 분류하고 설명하건, 장기기억을 만드는 방법이 무엇이건, 난 그저 잊지 않기 위해 남들처럼 학습을 반복했을 뿐이다.

그런데 너무 뻔한 이 과정은 과학적으로도 증명된 사실이다. 물론 필요한 조건들이 있다. 단순한 암기가 아니라 내용을 이해한다거나 의미가 있는 기억이라야 한다. 공부라면 그 지식을 이해했어야 하고, 사건이라면 어릴 때 크게 혼났거나 매우 행복하고 즐거웠던 경험이 장기기억이 될 수 있다.

더욱 놀라운 것은 장기기억이 쌓이면 관련 분야의 새로운 정보를 더 쉽게 받아들일 수 있다는 사실이다. 예를 들면 이미 생명공학을 전공했던 나는 의대 공부를 할 때, 특히 예과 공부를 할 때 다른 친구들보다 공부가 훨씬 수월했고, 독일어 역시 영어를 잘하진 못해도 기본적으로 어느 정도는 할 수 있었기에 영어를 전혀 모르는 다른 학생들보다 독일어 공부에 접근하기 쉬웠다. 내몸이 기억하는 의학 지식과 영어 공부했던 기억을 다시 꺼낼 수있었던 셈이다.

이때 중요한 것은 자기 확신이다. 어려운 과목이나 시험 범위가 방대한 경우 지레 겁을 먹을 수 있는데, 아무리 주제가 낯설고 분량이 많아도 일정 시간이 지나면 모두 소화할 수 있다는 확신을 가져야 한다. 물론 근거 없는 자신감은 곤란하지만, 누구에게나 인생에 적어도 한두 번은 자신이 도저히 해낼 수 없다고 생각했던 일을 해낸 경험이 있을 것이다. 그때를 떠올려보면 도움이 된다.

할 수 있다는 확신이 없으면 항상 공부의 시작만 있고 끝은 사라지게 된다. 어떠한 문제를 이해하기 위해선 처음과 끝을 파악해야 하고, 그 과정을 모두 거쳐야만 이해하고 공부를 완성할 수 있다. 암기 역시 마찬가지다. 그래서 목차를 보면서 시작과 끝을 예상하고, 흐름을 이해하였다. 이해와 동시에 암기가 시작되는 것이다.

암기는 단순히 로봇처럼 머릿속에 지식을 욱여넣는 것이 아니다. 내용을 이해하는 동시에 뇌와 눈, 귀, 입, 손에 기억되어야 한다. 반드시 이해가 선행되어야 암기 속도가 단축되는 것은 물론이고, 장기기억이 될 수 있다.

이렇게 반복되는 공부의 경험은 반드시 습관이 된다. 매일 변함없이 목표한 공부량을 채우다 보면 어느새 몸과 마음이 단련되어 높은 난이도에도 지치지 않게 되고, '할 수 있다'는 긍정적인 마음으로 습관을 유지할 수 있게 된다. 그러한 노력이 일상이 되는 어느 날, 문득 깨달을 것이다. 쉽게 지워지던 단기기억이 영구히 기억되는 장기기억으로 남아 원하면 꺼내 볼 수 있게 머릿속 서랍 가득히 채워진다는 것을.

물론 몇 년 동안 사용하지 않는 머릿속 정보들은 오랜 노력이 무색하게 사라지기도 한다. 그러나 실망할 필요는 전혀 없다. 공부하면서 만든 자신만의 요약본이 있기 때문이다. 10년이 지나도 그 노트를 다시 꺼내서 보면 자신의 뇌구조에 맞추어 정리해둔 것이기 때문에, 한 번만 훑어봐도 그 내용이 다시 머리에 깊이 남게 된다.

3번 외우기

눈치 빠른 독자들은 내 공부법의 핵심을 알아차렸을 것이다. 맞다, 나는 공부한 내용을 잊지 않기 위해 끊임없이 반복하고 또 반복했다. 그 시작이 정독이었고, 주요내용을 정리하며 3회에 거쳐 나만의 요약본을 만들면서 자연스럽게 암기가 되었다.

많이 알려졌듯, 암기의 기본은 반복이 아닌가. 정독으로 내용을 충분히 이해한 상태라서 단순한 암기가 장기기억으로 이어지는 것이 수월했다.

정독(이해) → 필기(압축) → 나만의 요약본 암기(반복)

1회 암기 **정독하며 암기(숲을 보면서 나무를 파악한다.)**

참고서마다 목차의 순서가 다를 때가 많다. 그 이유를 파악하고, 자신에게 어떤 순서가 맞는지 고르거나, 자신이 순서를 정해야 한다. 여러 참고서를 동시에 펴서 같은 단원을 함께 읽는 방식으로 공부한다.

1. 대단원 순서 보기
2. 대단원 순서가 나열된 이유 파악하기
3. 소단원 순서 보기
4. 소단원 순서가 나열된 이유 파악하기
5. 비슷한 것끼리 묶기

정독 시 중요한 것은, 공부하고 있는 부분이 어느 대단원과 소단원에 속한 것인지 파악하고 있어야 한다는 점이다. 즉 나무에만 집중하다가 전체적인 숲을 잊어버리면 안 된다.

2회 암기 필기하며 암기(내용을 머릿속에 정리한다.)

앞서 3회에 거쳐 필기하는 방법에 대해 상세하게 소개했다. 처음 방대했던 필기의 양은 '압축'을 통해 나만의 요약본으로 완성된다. 이 과정에서 글자로 외우기 힘들거나 복잡한 것은 그림으로 외웠다. 예를 들어 백신 접종은 개월 수에 따라 외우기가 까다롭다.

대상 감염병	백신 종류 및 방법	0개월	1개월	2개월	4개월	6개월	12개월	15개월	18개월	24개월	35개월	만4세	만6세	만11세	만12세
B형간염	HepB	1차	2차			3차									
결핵	BCG(피내용)	1회													
디프테리아 파상풍 백일해	DTaP			1차	2차	3차		4차					5차		
	Tdap/Td														6차
폴리오	IPV			1차	2차		3차					4차			
b형헤모필루스 인플루엔자	Hib			1차	2차	3차	4차								
폐렴구균	PCV			1차	2차	3차	4차								
	PPSV											고위험군에 한하여 접종			
로타바이러스 감염증	RV1			1차	2차										
	RV5			1차	2차	3차									
홍역 유행성이하선염 풍진	MMR							1차				2차			
수두	VAR							1차							

	DTaP	Polio	HIb	PCV	3타	MMR	수두
2.4.6	o	o	o	o	o		
12-15			o			o	o
11-12	o						
4-6	o	o				o	

참고서에 있는 복잡한 표를 외우기 쉽게 다시 그린 표

나는 책에 나온 표가 잘 외워지지 않거나 복잡한 경우에는 나에게 맞게 다시 그려서 외웠다. 이때는 사진과 같이 DTap, Polio, Hib, PCV, Rota, MMR, 수두의 앞 글자를 따 '디탭폴리오힙 피로엠수'라고 외우고, 2, 4, 6개월/12~15개월/15~18개월/4~6세로 구분한 후 표 안에 있는 동그라미 위치를 외웠다. 그래서 이 내용을 묻는 문제가 시험에 나오면 표를 그리고 풀기 시작했다.

3회 암기 나만의 요약본을 만들고 다니며 암기(무한 반복한다.)

3회에 거쳐 마지막에 완성된 필기 요약본은 세상 유일한 나만의 것이 된다. 이것을 수시로 보면서 머릿속으로 혼자 떠올리거나, 입으로 떠들거나, 친구들과 토론하면서 무한 반복을 했다. 그럼에도 불구하고 문제를 틀리는 경우가 종종 있는데, 이때는 오답 노트를 만들면 된다. 상세 내용은 오답 노트 관련 글을 참고하자.

아무리 공을 들여도 잘 외워지지 않거나 쉽게 잊힐 때는 첫 글

	조선 시대 왕의 계보
첫 글자로 외우기	태조 → 정종 → 태종 → 세종 → 문종 → 단종 → 세조 → 예종 → 성종 → 연산군 → 중종 → 인종 → 명종 → 선조 → 광해군 → 인조 → 효종 → 현종 → 숙종 → 경종 → 영조 → 정조 → 순조 → 헌종 → 철종 → 고종 → 순종
	태정태세문단세 예성연중인명선 광인효현숙경영 정순헌철고순

자를 따서 외웠다. 학창 시절, 조선 시대 왕의 계보를 '태정태세문 단세~'라고 암기하는 것과 같은 방법이다.

이외에도 노래로 만들어 부르거나, 떠올리기 쉬운 재미있는 문 장으로 만드는 것도 흔히 사용하는 방법이다. 다음 예시는 의사 국시 실기 시험에 대비한 방법 중 하나였다.

OLD COEX CAFE MD

암호 같은 이 문장을 보면 의대생이나 의사가 봐도 무슨 의미 인지 모를 수 있다. 환자를 처음으로 대면했을 때 반드시 확인해 야 할 사항과 진찰 순서인데, 첫 글자를 따서 암기하기 쉽도록 스

	진찰 시 문진 순서
첫 글자로 스토리 만들기	O-Onset L-Location D-Duration Co-Course Ex-Experience C-Character A-Associated symptoms F-Factors M-Medication D-Disease
	OLD COEX CAFE MD (오래된 코엑스의 카페 MD)

토리를 만들었다.

의사 국시 실기 시험은 작은 방에서 담당 교수를 앞에 두고 시뮬레이션 환자를 진찰하며 이루어진다. 만약 무작정 외우기만 했다면, 극도의 긴장감으로 실제 상황처럼 묻기 어렵거나 실수할 가능성이 높다. 그러나 '오래된 코엑스의 카페 MD'가 머릿속에 박혀 있으면, 환자에게 물어야 하는 모든 것들을 빼놓고 싶어도 빼놓을 수 없게 된다.

도표나 그래프 등 시각 자료를 많이 사용한 것도 기억하기 편리해서였다. 공부에 재미를 느끼며 집중하게 된 이후, 가장 효율적인 공부법을 찾아 시도했는데 이 방법이 내게 잘 맞았다.

몇 페이지씩 길게 설명되는 한 단원의 내용을 요약하거나, 서로의 관계를 보여주는 기호나 화살표 등을 사용하여 마인드맵을 그리면 한 페이지 안에 담을 수 있다. 이렇게 만들어진 나만의 노트는 '시각적 효과'가 있어 텍스트를 사진으로 찍듯 머릿속에 넣을 수 있어 암기에 유리하다.

수업(강의)에 집중하여 선생님(교수님)의 말씀을 빠짐없이 적고, 복습하면서 나만의 요약본을 만드는 모든 과정이 결국 암기의 기본 과정인데 어느 것 하나 소홀히 할 수 있을까. 나는 이 과정을

나는 인생을 건 공부를 시작했다

꾸준히 실천한 덕분에 습관이 되었고, 높은 효율의 암기력을 갖게 됐다.

나만의 비법? 절대 그렇지 않다. 특히 '정독-나만의 요약본 만들기-반복' 이 세 과정을 하지 않는 합격자는 보지 못했다. 중요한 것은 이 과정이 반복되어 습관이 되어야 하고, 각 과정에서 자신에게 가장 효율적인 방법을 찾는 것이다.

음악을 좋아하는 사람은 외워야 할 핵심 내용을 좋아하는 가요의 가사로 만드는 방법을 쓰자. 소리를 내어 읽어야만 암기가 잘 되는 사람도 있다. 나 또한 소리 내어 읽거나, 공부 내용을 혼잣말로 반복하며 외우곤 했다. 그 외에도 특별한 방법 없이 무작정 외우는 것이 가장 좋았다고 말하는 사람도 있다. 나만의 방법을 찾되, 이 과정은 반드시 반복하자.

6

10개월 만에
독일어 정복하기

독일의 대학에 입학하려면 독일어 자격증 DSH가 필요하다. 독일어의 알파벳도 모르는 사람이 이 자격증을 취득하려면 보통 18~24개월 정도가 걸린다. 대학에 입학할 수 있는 DSH 점수를 받으려면 A1, A2, B1, B2, C1, C2까지 있는 독일어 난이도를 순차적으로 높여야 그나마 시험을 볼 수 있는 실력이 된다. 통상적으로 C1을 따는데 1년이라는 시간이 걸린다고 한다. 나는 독일어의 알파벳도 몰랐지만, DSH 취득까지 10개월이 걸렸다.

"여기는 독일이고, 난 독일인인데 왜 영어로 말해야 하지? 독일에 왔으면, 네가 영어를 할 줄 알아도 독일어로 말해야지."

독일인 관리원이 아래층 여자의 항의로 방문했을 때, 영어로 말해 달라는 내게 이렇게 말했었다. 그때 당시 모든 상황이 인종 차별이라고 생각했어도 독일인 관리원의 이 한마디만은 부정할 수 없었다. 나는 이런 사건에 무너지거나 상처받지 않고, 하루라도 빨리 독일어에 능통해지기 위해 필요한 긍정적인 자극으로 바꾸려고 노력했다.

하루가 온통 독일어 공부였던 시절, 어느 순간부터는 꿈도 독일어로 꾸게 되었다. 아마도 일상의 모든 표현을 독일어로 하려던 마음이 반영되었던 것 같다. 대화뿐만 아니라, 머릿속 생각마저 독일어로 했기에 시간을 단축시키지 않았을까?

어떤 목적으로 외국을 방문했든, 그 나라의 언어로 소통하는 것이 바람직하다고 생각한다. 한국에 온 외국인은 한국말을 사용해야 한다. 그들이 한국에 온 것인데, 왜 우리가 영어로 말해야 하는지 잘 이해되지 않는다. 물론 여행을 온 관광객이라면 이해할 수 있지만, 한국에서 외국인과 대화를 할 때 우리가 영어를 못한다고 그들에게 미안해할 이유는 없다는 의미다.

한국에 취업을 하거나 공부를 하거나 또는 터전을 잡기 위해 오는 외국인들이 점점 늘고 있다. 나는 그들을 대할 때 영어가 아닌 한국어로 먼저 대해야 한다고 생각한다. 한국어에 서툰 경우 그들이 미안함과 부끄러움을 가져야 하지 한국인이 영어를 못한다고 그런 마음을 가질 필요는 없다는 의미다. 마찬가지로 타지에 살면서 무시당하지 않기 위해서는 그 나라의 언어를 능숙하게 구사해야 한다.

요즘은 우리의 문화가 전 세계로 퍼지며, 한국어를 배우는 외국인이 많아졌다. 외국어를 공부하는 것이 쉬운 일은 아닌데, 한국 문화를 좋아하고 관심을 갖는 사람들의 간절한 마음과 노력이 반영된 현상이다.

내게도 반드시 독일에서 의대 유학을 마치고 의사가 되겠다는 간절함이 있었다. 누군가는 취업을 위해, 또 누군가는 학업을 위해 독일이나 다른 외국으로 떠나 성공하겠다는 목표를 세웠을 것이다. 우리와 다른 문화권에서 원하는 꿈을 이루려면 외국어는 필수다. '내가 아니면 아무도 성공할 수 없다'는 마음으로 노력하자.

다음에 소개하는 내용은 독일어를 공부하며 사용했던 내 나름의 비법이다. 누군가에게는 맞지 않는 방법일 수 있지만, 외국어를 효율적으로 공부할 수 있는 가장 쉬운 방법이기도 하다.

외국에서 하루 빨리 적응을 하고 외국어를 익히기 위해, 한국의 가족이나 친구들과 연락할 때를 제외하고 한국어를 잊고 철저하게 그 나라의 사람이 되기 위해 노력했다. 하다못해 깜짝 놀라 나도 모르게 나오는 비명까지도 그 나라의 언어로 했다. 지금 생각하면 웃음이 나오지만, 그 정도로 몰입하지 않았다면 단기간 내에 독일어를 완성하고 DSH 자격증을 취득하긴 어려웠을 것이다.

외국어 실력을 급상승시키는 5가지 방법

다른 공부를 할 때와 마찬가지로 외국어를 익힐 때도 큰 틀을 확인하고 세세한 부분으로 들어가 공부하기 시작했고, 세세한 부분을 공부할 때도 큰 틀의 어디에 속하는지 확인하며 공부했다.

외국어는 한국어와 문장구조가 다르기 때문에 단어와 어휘를 외우는 것(세세한 부분)도 중요하지만, 독일어의 뼈대(큰 틀)를 먼저 이해하는 것이 더 중요해 보였다.

그래서 '문법 → 어휘 → 쓰기 → 말하기' 순서로 언어를 정복해 나가기로 계획을 세웠다. '듣기'는 '말하기'가 되는 순간 자연스럽게 따라올 것이라고 예상했다.

STEP 1. 한 달 만에 문법 정복하기

독일어 최신 문법책을 구매해서 한 달 안에 끝냈다. 언어 공부에만 몰입하면 가능하다. 내가 문법을 빨리 끝내려고 노력한 것은 글을 쓰고 싶은 마음이 간절했기 때문이다. 모든 외국어 문법책에는 기본 구조와 예문이 많이 소개되는데, 이 예문을 통해 문장의 구조를 확실하게 익힐 수 있었다.

STEP 2. 주변 사물을 독일어로 표현하기

독일어 문법을 익히고, 매일 독일어로 일기를 쓴 이유는 글쓰기 실력을 하루라도 빠르게 올리기 위해서였다. 외국어가 완전히 내 몸에 익으려면 말하기, 글쓰기, 듣기 실력이 모두 비슷하게 채워져야 한다.

글을 쓰기 위해서는 단어와 어휘 실력을 높여야 했기 때문에 의도적으로 주변 사물을 독일어로 생각하고 표현하기를 반복했다. 마트에서 내가 고른 물건을 독일어로 떠올리고, 샤워할 때는 상황극을 하며 혼잣말을 했다.

예를 들어 책상에 책이 있다면 그 책이 어떤 책이고, 몇 페이지인지, 표지는 무슨 색인지 등을 독일어로 표현할 수 있다. 주변을 둘러보면 의자에도 종류가 다양하다. 소파, 바퀴 달린 의자, 등받

나는 인생을 건 공부를 시작했다

이가 있는/없는 의자, 팔걸이가 있는/없는 의자, 동그란 의자 등 이러한 사소한 차이 역시 독일어로 표현하기 위해 연습했다. 내가 입는 옷, 먹고 있는 간식, 손에 쥔 커피잔 등 독일어를 활용할 대상이 아닌 것은 없었다.

STEP 3. 매일 일기 쓰기

한 달 만에 문법책을 뗀 후, 당시 유행하던 싸이월드에 독일어로 매일 일기를 쓰기 시작했다. 배우고 익힌 지식은 활용해야만 살아 있는 내 것이 된다.

일기를 통해 문장을 쓰고 익히자, 독일어 실력이 차오르는 것을 느낄 수 있었다. 시간이 지나 좀 더 실력이 쌓였을 때, 예전에 쓴 일기의 독일어 문장들이 엉터리라는 것을 알았지만 상관없었다. 내가 쓴 독일어 문장의 잘못된 점을 알아볼 수 있을 정도로 실력이 쌓인 것이 더 중요했기 때문이다.

또한 쓰고 싶은 문장의 표현에 사용할 단어를 찾았더니 하루에 단어 100개 외우기가 가능했다. 억지로 외우려고 했다면 불가능했을 것이다. 글쓰기의 장점은 말하는 방식, 즉 표현력이 늘어난다는 점이다. 그래서 외국어로 매일 일기 쓰기는 외국어를 공부하는 사람들에게 꼭 추천하는 방법이다.

STEP 4. 녹음해서 듣고 발음과 억양 교정하기

문법이나 표현이 아무리 정확해도 발음과 억양이 정확하지 않으면 해당 언어를 잘한다고 할 수 없다. 언어는 '글쓰기'만이 아닌 '말하기'와 '듣기' 실력이 함께 갖춰졌을 때 비로소 완벽하게 구사한다고 볼 수 있다.

특히 독일어 시험에 인터뷰가 있었는데, 이를 위해서는 발음과 교정이 필수였다. 나는 생각한 것을 독일어로 말하고 녹음하고 듣고 교정하기를 반복했다. 이 방법은 발음과 억양을 객관적으로 평가하여 잘못된 곳을 찾도록 도와주었다.

또 다른 방법은 독일 현지인에게 직접 물어보는 것이었다. 학원의 선생님이나 친구들에게 평소 발음이 어려운 단어나 문장을 들려주고 잘못된 곳을 바로잡았다.

"내 발음 정확해?"

"내 발음이 부정확하거나 잘못된 곳이 있어?"

그러자 언제부터인가 "너 독일 어디에서 태어났어?"라고 묻는 사람들이 생겼다. 겉으로 보기에 분명 외국인인데, 발음과 억양만으로 독일에서 태어난 사람이라는 오해를 받다니 그동안 고생한 것을 모두 보상받은 기분이었다.

나는 인생을 건 공부를 시작했다

STEP 5. 반복 듣기

독일에서 생활하던 집에는 TV가 없었다. 대신 노트북으로 TV를 볼 수 있게 연결하여 수시로 독일 어린이 프로그램을 틀어놓았다. 그러던 어느 날, 설거지를 하는데 독일어가 귀에 쏙쏙 들리기 시작했다. 마치 한국어 드라마를 틀어놓은 것처럼 말이다.

외국어를 공부할 때 해당 언어로 제작된 좋아하는 장르의 드라마나 영화 혹은 TV 프로그램을 틀어놓으면 자연스럽게 접하는 시간이 많아져 큰 도움이 된다. 예전에 우리 부모님 세대가 팝송이나 영어권 영화로 영어를 공부했던 것과 같다.

7

잡념을 없애는
하루 루틴을 만들어라

시험의 연속이었던 의대생 시절, 나는 새벽 2시에 하루를 시작했다. 내 방의 불은 내가 집을 나설 때만 꺼졌다. 책이 산더미처럼 쌓인 침대에서 책을 피해 쪼그려 누워 쪽잠을 자고, 깨어나면 창문을 열었다. 폐가 정화되는 기분을 느끼며 새벽 공기를 힘껏 들이마시는 것이 매일 내가 제일 처음 하는 일이었다.

그렇게 정신을 차린 후에는 뇌가 아직 덜 깼을지도 모른다는 생각에 잠들기 전까지 외웠던 모든 것들을 속으로 중얼거렸다. 동시에 책상의 스탠드를 켜고, 침대에 널브러진 온갖 필기 노트

나는 인생을 건 공부를 시작했다

와 책을 책상으로 옮기고 시원한 물을 마셨다. 다시 책상 앞에 앉기 전에 샤워를 하는데 대략 30분이 소모된다.

지난 공부를 점검하는 것이 끝나지 않으면 샤워 후 책상 앞에 앉아서도 지속했다. 그런 나를 누군가 본다면 책상 앞에 멍하니 앉아 있다고 할 수 있다. 하지만 내 머릿속에서는 어제 공부하며 암기한 내용들이 한 단원씩 정리되는 중이었다.

손에서 책이 떨어지는 순간 공부는 머릿속에서 이루어진다. 꼭 종이와 펜이 있어야 하는 것은 아니다. 집중해야 할 일을 하는 것이 아닌 이상 밥을 먹으면서도 공부할 수 있다. 머릿속의 공부가 끝나면 오늘 공부할 과목의 노트 필기를, 어제 공부한 내용이 완벽히 떠오르지 않으면 해당 과목의 책을 다시 폈다.

매일 반복되는 기상 후 일정은 아침 5시 30분에 끝냈다. 도서관 앞에 공부할 수 있는 부스가 6시에 오픈하기 때문이다. 병원에 도착해 자판기에서 커피 한잔을 뽑고, 백팩에서 책을 꺼내 정리하면 시간을 맞출 수 있었다.

공부 부스에서는 강의 시작 전 2시간 동안 그날의 각종 세미나와 토론 또는 실습을 예습했다. 보통 강의는 매 학기 또는 과목마다 다르지만, 오전 8시에 시작해서 3~4시간 정도 진행되었고, 점심시간이 지나면 각종 세미나 및 토론 수업 또는 실습이 그날 하루를 차지했다.

　문제는 세미나가 저녁 8시까지도 끝나지 않는 등 나의 하루 루틴과 상관없이 예외가 발생할 때다. 그렇게 되면 오롯이 혼자 공부할 수 있는 시간이 급격히 줄어들어 점점 불안감이 커졌고, 집으로 돌아올 때 극대화되어 바로 책상 앞에 앉아야만 했다.

　불안을 줄일 수 있는 유일한 방법은 그날 배운 수업 자료나 노트를 꺼내는 것뿐이었다. 이때 배웠던 것 같다. 불안하고 망설여질 땐 무조건 시작이 답이라는 것을.

　불안을 없애기 위해 공부하다 보면, 나의 취침은 아무리 빨라야 밤 11시에나 이루어졌다. 쪼그려 누울 만큼 침대 위에 책과 노트들이 쌓여 있었던 이유도 잠을 자는 시간조차 아까워 잠들 기전까지 한 글자라도 더 보기 위해서였다.

　물론 365일 이렇게 생활했던 것은 아니다. 시험이 끝난 날은 친구들과 맥주를 마시는 여유를 부리거나 외식도 했다. 바로 시험이 있는 게 함정이긴 하지만, 크리스마스 방학처럼 2주간의 휴식이 주어지면 하루 정도는 기차를 타고 주변 도시를 여행하기도 했다.

　공부를 아예 배제하고 소소한 일탈로 즐겁게 보낸 날들이 겨우한 달에 1~2일이지만, 매일 루틴을 지키며 긴장과 불안감 가득

나는 인생을 건 공부를 시작했다

한 시간을 보냈기에 짧은 일탈이 더욱 즐거웠던 것 같다. 그렇게 10년의 계절을 공부로 보냈다.

최고의 상상과 최악의 상상

공부에 집중이 되지 않는 날도 있었다. 이런 날은 책상 앞에 아무리 오래 앉아 있어도 내용이 머리로 들어오지 않았다. 반대로 완전히 몰입하면 2시간을 예상한 공부량도 1시간 안에 끝낼 수 있다. 아무리 높은 효율을 자랑하는 공부법이라고 한들, 집중하지 못하면 무용지물이다. 대체 우리는 왜 공부에 집중하지 못할까?

가장 먼저, 확실한 꿈과 목표가 없기 때문이다. 나의 공부법을 소개하면서 '목표와 계획 세우기'를 가장 먼저 설명한 이유이기도 하다. 꿈과 목표가 없다는 것은 미래라는 바다를 항해할 때 나침반이 없는 것과 같다. 목적지와 목적지로 향하는 이유를 모르는데 공부의 필요성을 느낄 수 있을까? 나의 미래는 내가 결정하자. 확실한 꿈을 찾고 목표를 설정하면, 공부의 이유가 확실해지고 최소한의 집중력을 끌어낼 수 있다.

특히 '공부로 성공하겠다'는 간절한 마음은 집중력을 끌어올린다. 지금 나의 목표가 얼마나 절실한지 스스로 물어보자. 그 답을 이미 자신은 알고 있다. 이때 동기 부여가 되도록 적절한 자극을 받는 것도 도움이 된다. 같은 꿈을 가진 누군가의 성공담, 나의 의지를 높여줄 멘토의 조언은 훌륭한 자극제가 된다.

나는 집중력이 흐려질 때마다 최고의 상황과 최악의 상황을 상상했다. 의욕을 활활 불태우고 싶을 때는 '공부로 성공한 이후의 나'를 상상했다. 목표가 확실했으므로, 이 공부를 한 후 어떤 변화가 일어날지 상상하기 쉬웠다.

내가 그린 나의 미래를 상상하고 있으면, 갑자기 가슴이 벅차오르며 '아, 나 이거 당장 해야겠다!'라는 충동이 생겼다. 반복되는 일상을 보낼 때면 우울함과 불안한 마음이 들기도 했지만, 성공한 모습은 강력한 동기 부여가 되었다.

그럼에도 불구하고 나도 사람이기에, 장시간 공부하거나 필기할 양이 너무 많으면 집중력이 흐려지면서 하기 싫어졌다. 이럴 땐 억지로 나를 밀어붙이기보다, 현재 시점에서 공부를 멈췄을 때를 상상했다.

함께 공부했던 다른 친구들은 모두 꿈을 이루었는데, 나 혼자만 실패했을 때의 모습을 상상하는 것은 꽤 큰 충격이 된다. 최고의 상황을 상상하는 것도 공부 자극이 되지만, 최악의 결말인 실패를 상상하는 것은 더 큰 자극이 되었다.

의욕의 스위치를 다시 켜는 법
—

마음이 우울하거나 극도의 스트레스를 받을 때는, 며칠간 공부에 집중이 되지 않는 최악의 상황이 벌어지기도 한다.

독일에 있는 동안 가족이 사무치게 보고 싶을 때, 열심히 공부하고 스스로 실력을 테스트했는데 결과가 좋지 못하면 화가 나고 짜증이 밀려와서 집중할 수 없었다. 그럴 때면 음악 듣기, 마트에서 장보기 등 공부와 상관없이 기분이 전환될 수 있는 무언가를 했다.

이런 방법으로도 해결되지 않은 날에는 격렬한 운동을 했다. 운동으로 땀에 흠뻑 젖은 몸을 샤워하고, 따뜻한 커피 한잔과 함께 책상 앞에 앉으면 기분이 새로워졌다.

정신적 스트레스가 아니라면, 다음과 같이 공부 환경과 방식을 객관적으로 바라보고 약간의 변화를 주어도 집중력을 되찾는 데 도움이 될 것이다.

1. 공부의 방해 요소를 제거했다.

불필요한 소음을 차단하는 것은 생각보다 중요하다. 어린 동생들의 방해, 거실에서 들려오는 TV 소리, 층간 소음 등 공부를 방해하는 자극이 너무 많다면 차라리 도서관을 이용하자.

다음으로 중요한 것이 시선이 머무는 곳이다. 내가 도서관에서 공부할 때 가장 선호하는 자리는 앞이 벽으로 막혀 있는 책상이었다. 옆 공간은 뚫려 있어도 상관없었다. 앞 공간이 열려 있으면 다른 사람들이 지나다닐 때마다 나도 모르게 시선이 분산된다. 온전히 책에만 집중하기 위해 반드시 앞이 막힌 공간을 선택했다.

2. 밝은 공간에서 공부했다.

도서관이 아닌 사설 독서실을 선호하는 사람이 있다. 그런데 나는 어두운 곳에서 공부하면, 옆 사람의 펜 소리에 자꾸만 귀를 기울이게 되어 오히려 방해가 되었다. 도서관에서 자리를 선택할 때는 환한 곳, 햇빛이 잘 드는 곳을 선택했다.

3. 친구들로부터 자극을 받았다.

공부를 시작할 때 어떻게 공부를 해야 할지 감이 잡히지 않을 때가 있다. 이럴 때는 친구에게 양이 어느 정도인지, 깊이가 어느

나는 인생을 건 공부를 시작했다

정도인지, 얼마나 시간이 필요한지 물었다.

"나도 아직 시작은 안 했어. 근데 그거 3~4일 정도 걸릴걸?"

친구들은 대개 이렇게 대답할 것이다. 이때 '아직 공부하지 않았다'는 말이 사실인지 거짓말인지는 중요하지 않다. 중요한 것은, 나는 아직 공부를 시작하지 않았고 친구는 공부를 시작해서 마쳤든 마치지 못했든 3~4일 정도 소요된다는 것을 이미 파악하고 있다는 사실이다.

선의의 경쟁은 확실한 공부 자극이 된다. 친구들은 벌써 파악했는데, 나는 아직 시작하지도 않았다는 마음에 뒤도 돌아보지 않고 집중력을 발휘할 수 있었다.

4. 노트 필기로 집중력을 올렸다.

만점자와 1~2개 틀리는 사람의 차이는 얼마나 더 꼼꼼하게 공부했느냐의 차이에 있다. 반드시 노트 필기를 해야 하는 이유는 공부에 몰입할 수 있어서다. 필기를 하다 보면, 내용이 저절로 정리되고 집중력도 높아졌다.

5. 공부할 때는 군것질을 하지 않았다.

껌이나 포도당 캔디 외의 간식은 절대 금지했다. 껌을 씹는 저

작운동은 집중력 향상에 도움이 된다고 알려져 있다. 그러나 먹는 소리가 시끄럽고 부스러기를 흘릴 수 있는 과자, 손에 기름이나 설탕, 시럽을 묻힐 수 있는 도넛이나 빵, 떡 등 먹기에 불편한 음식은 공부의 흐름을 끊고 집중력을 잃게 만든다. 그래서 나는 가능하면 간식으로 배를 채우지 않고, 식사 시간에 밥을 챙겨 먹었다.

4장

여전할 것인가 역전할 것인가

: 멘탈 관리

1

끝나기 전에는
언제나 불가능해 보인다

쥐라면 혐오감이 들 법한데, 나그네쥐라고도 불리는 레밍은 좀 귀엽고 깜찍하게 생겼다. 햄스터랑 좀 비슷하다고나 할까? 그런데 이 녀석들에게는 좀 이상한 습성이 있다. 3~4년에 한 번씩 개체수가 포화 상태에 이르면 집단 이주를 하는데, 무리를 이루어 오직 직진만 하다가 낭떠러지나 바다로 떨어지기 일쑤다. 그래서 한때는 이들이 '집단 자살을 한다'는 가설까지 생겼지만, 뒤에서 오는 녀석들에게 떠밀려 멈추지 못해 일어나는 사고로 밝혀졌다.

레밍의 이야기를 들으면 트리나 폴러스Trina Paulus의 《꽃들에게 희망을》이 떠오른다. 기둥 너머에 희망이 있을 거라 믿고 무작정 오르기만 하는 애벌레들 사이에서 주인공 애벌레가 진정한 삶의 의미를 깨닫고 나비가 된다는 내용이다. 다른 애벌레들이 오르니까 너도나도 무작정 따라 오르기만 하는 모습을 보면 레밍의 습성과 비슷하다는 생각이 든다.

오늘날 레밍은 '집단 자살'이라는 오명을 벗었지만 그들의 어처구니없는 습성은 사람들의 경각심을 불러일으키는 신조어 '레밍 효과Lemming effect'로 남았다. 생각 없이 맹목적으로 남을 따라 하는 행동을 말하며, 심리학에서 군중심리로 행동하게 되는 것을 설명할 때 사용한다.

우리도 레밍처럼 맹목적으로 남을 따라 하는 삶을 사는 것은 아닐까? 그 끝이 어디인지도 모르고 따라가고, 삶을 좌지우지할 선택을 나의 가치관과 의식에 따라 정하지 않고 그저 남들이 하는 대로 휩쓸려 다니는 것은 아닐까?

"남들이 모두 대학에 가니까 나도 가야죠. 안 가면 혼자 뒤처지잖아요."

"요즘 아주 인기 있는 핸드백이에요. 특히 카멜 색상이 많이 나가죠."

"우리 학교에서 공부 잘하는 친구들은 전부 ○○학원 다녀요.

그래서 나도 거기 가려고요."

"3년 동안 공무원 시험 준비한 친구가 OO 책으로 공부했대요. 나도 그 책으로 바꿨어요."

"주식은 잘 모르지만, 단톡방에서 OO전자가 대박 날 거라고 해서 사려고요."

이처럼 뒤처지지 않기 위해 남들과 똑같이 행동해야 한다는 심적 부담으로부터 자유롭지 못하다면, 잠시라도 대열에서 벗어나 제3자의 시선으로 자신을 들여다보자. 따라 하지 않고 스스로 선택하고 결정한 그때가 과연 언제였는가.

자신에게 최적화된 방법을 찾아라

〈아버지와 아들과 당나귀〉라는 이솝우화를 아는가? 옛날에 아버지와 어린 아들이 당나귀를 팔러 장에 가고 있었다. 이를 본 동네 아낙네들이 "당나귀를 타고 가면 편할 텐데, 정말 어리석네요"라며 참견했다. 아버지는 즉시 아들을 당나귀 등에 태우고 다시 길을 가기 시작했다.

그런데 이번엔 장기를 두던 노인들이 아들에게 늙은 아비를 걸어가게 하는 불효막심한 녀석이라고 손가락질했다. 아버지는 다시 아들을 내리고 자신이 당나귀 등에 올라탔다. 얼마 걷지 않아 이번에는 아이를 업은 여인을 만났다. 그녀는 아버지에게 어린 아들을 앞에 태워야지 혼자만 편하게 간다며 비꼬았다.

두 사람을 등에 태운 당나귀는 당연히 힘들어했다. 이제 뭐라고 손가락질하는 사람이 없을 줄 알았는데 지나가던 마을의 농부들이 아버지를 불러 세웠다.

"아무리 말 못하는 짐승이라도 너무한 것 아니오? 그 작은 당나귀에 두 사람이 올라타다니? 차라리 두 사람이 메고 가는 게 어떻겠소?"

생각해보니 당나귀가 너무 불쌍했다. 긴 장대를 구해 와 당나귀를 묶고, 농부의 말처럼 두 사람이 둘러메고 길을 떠났다. 그러다 다리를 건너게 된 두 사람은 짓궂은 아이들에 둘러싸였다. 아이들은 킬킬거리며 당나귀를 멘 두 사람을 놀렸다. 이에 놀란 당나귀가 발버둥을 쳤고, 장대가 부러지며 물속으로 떨어졌다. 아버지와 아들이 당나귀를 붙잡으려 했지만 불가능했다.

이들에게 소신이 있었다면 당나귀를 잃는 일은 없었을 것이다. 공부법도 그렇다. 일관된 자신만의 방법을 유지해야만 합격이라는 끝을 보기 쉽다. 그런데도 우리는 타인의 비법을 알려고 애를

나는 인생을 건 공부를 시작했다

쓴다. 그것이 자신에게 맞는 방법인지 아닌지는 상관없다. 누군가 그 방법으로 크게 성공했다면, 자신도 성공할 것이라 굳게 믿는다. 설령 효과를 보았다고 해도 우연히 자신에게 맞는 방법이었거나, 만천하에 알려진 "교과서로 공부했어요"처럼 보편적일 수도 있다.

"실패와 성공을 거듭하며 나만의 공부법을 찾을 수 있었듯이, 책상 앞에 앉아 있는 시간이 성적과 비례한다고 착각하는 누군가도 자신만의 공부법을 찾도록 도와주고 싶었다. 남을 모방하는 것이 아니라 자신만의 공부법을 찾아야 한다."

프롤로그에서 이런 말을 했다. 내가 어떻게 공부했는지 알게 된 뒤에도 그것을 무작정 따라 하지 않고 자신만의 방법을 찾으라는 의미였다. 사람마다 습관과 성격이 다르기 때문에 누군가의 방법을 따라 한다고 해도 최고의 효과를 보장할 수 없어서다.

자신만의 방법을 찾았고, 자신에게 잘 맞다면 흔들리지 말고 끝까지 하자. 타인의 비결만을 쫓게 되면 당나귀 주인처럼 소신 없이 남의 말에 끊임없이 흔들리게 된다.

A방법으로 공부하다가 B방법을 들으면 A방법을 의심하고, B방법으로 공부하다가도 C방법을 들으면 다시 흔들린다. 시작만 있고 끝은 없는 것이다. 마치 1, 2단원은 열심히 풀고 뒤에는 그

대로 남겨져 있는 문제집처럼 말이다.

이렇게 하면 우리가 잃는 것은 당나귀가 아니라 시간이고, 남는 것은 실패라는 결과라는 것을 명심하자. 자신의 지식 습득 속도와 상황 등 환경과 역량에 맞는 '나만의 공부법'을 얼마나 빠르게 찾고 실천하느냐가 가장 중요하다.

작은 성공으로 시작하라

멋있게 살고 싶다는 마음으로 '의사'를 목표로 세웠지만, 언제쯤 이룰 수 있을지 가늠할 수가 없었다. 까마득한 머나먼 미래의 이야기 같았는데, 군에 입대한 날 제대 날짜를 손꼽아 보는 신병의 기분이 이럴까?

시험이 코앞으로 다가오면 상대적으로 시간이 빠르게 가는 것처럼 느껴지지만, 막상 꿈이 이루어지는 그날은 멀게 느껴지고 영영 오지 않을 것처럼 불안했다. 아마 누구나 같은 기분일 것이다. 분명한 결과가 도출되는 공부의 실패는 불합격이고, 불합격은 다시 목표를 멀어지게 한다. 그러니 더 불안하다. 고층빌딩을 오르는 엘리베이터처럼 목표를 순식간에 이룰 수 있다면 얼마나 좋

나는 인생을 건 공부를 시작했다

을까.

이러한 불안을 줄여주는 것이 '단계별 목표 설정'이다. 나는 목표를 확실하되 아주 높게 정하는 편이다. 목표로 향하는 길에는 또 작은 목표들을 세운다. 일부러 정하기도 하지만, 과정에서 새로 생기기도 한다.

"이 정도면 됐어."

"시험 범위 다 공부했으니까 어떻게 되겠지."

"이제 절반쯤? 중간은 온 것 같아."

공부를 하면서 자기 위안을 하는 사람들이 있다. '중간'의 의미가 이렇게 위험하다. 사람들의 기준은 저마다 달라서 내가 '중간'이라고 생각하는 정도가 다른 누군가에게는 시작에 불과한 노력일 수도 있다. 내가 평균 정도의 노력을 하고 있는 것인지 자로 재볼 수 없는 것이 공부이기 때문에, 자신이 생각하는 적당한 정도의 노력만 믿어서는 시험에서 원하는 결과를 얻기 쉽지 않다.

실력자들은 "이 정도면 됐어"라는 말을 함부로 하지 않는다. 늘 부족함을 점검하여 채우려 노력하고, 그 어떤 상황에서도 책을 놓지 않는다. 설령 책을 잡을 수 없는 상황이라도 머릿속에는 공부했던 내용이 그림처럼 펼쳐진다. 떠오르지 않는 부분은 이미 마친 공부라도 재점검을 하고, 다른 과목을 진행할 때도 같은 과정을 거친다. 우리가 늘 중요하게 생각하는 복습이 이렇게 이루어진다.

뇌는 참 신기하다. 아무리 지식을 많이 담아도 한 번씩 꺼내 살펴보는 것만으로 완전히 지워지지 않고 되살아난다. 애써 일부러 시간을 많이 들일 필요도 없고 단지 노트를 꺼내어 눈으로 보는 것만으로도 충분하다. 잘 떠오르지 않아 책을 펼쳤는데, 자기도 모르게 이런 말을 해본 사람이 있을 것이다.

"아, 맞아. 이거였지!"

이런 소소한 일들조차 성공이고, 높은 목표를 향해 올라갈 수 있는 계단이 될 수 있다.

궁극의 목표는 높게, 여기에 이르는 과정은 계단을 오르는 것처럼 차근차근 작은 성공으로 채우자. 눈앞의 암담함을 하나씩 해결하면 자신감이 채워진다. 한 단 한 단 올라야 하는 계단이라 힘들어도 어쩔 수 없다. 단이 없다면 오르내리는 것이 몇 배나 더 힘들 것이다. 내리막길에서는 유용할지 모르지만, 오를 땐 계단보다 몇 배나 힘들다. 중간에 쉴 수도 없고, 미끄러지지 않으려면 중간에 힘을 뺄 수도 없기 때문이다.

나는 의사라는 목표를 향해 공부할 때 그 끝을 보며 "아직 멀었네"라는 말로 기운을 빼지 않았다. 작게는 매일매일 그날의 목표치 공부량을 완수하고, 크게는 일정 기간 수행해야 할 목표를 하나씩 지워나갔다.

독일 유학 → 독일 어학 능력 시험DSH 합격 → 의대 입학 → 예과 → 국시 1차 → 본과 → 국시 2차 → 인턴 → 졸업 및 국시 3차 → 귀국 → 한국 예시 → 한국 국시 → 의사 되기 목표 달성

이렇게 단계를 넘어서고 만족할 만한 성적이나 결과가 나오면 정말 행복했다. 무엇보다도 또 한 번 한계를 넘어서고 능력이 확장되었다는 사실이 기뻤다.

돌아보면 모든 과정이 그랬다. 높은 산에 오르기도 첫발을 내딛는 것에서 시작하듯, 조급하거나 불안할 때마다 작은 성공들로 에너지를 채우면서 지치지 않게 독려했다. 시간이 지나고 나서야 비로소 깨달았다. 그 모든 과정이 계단이었고, 나를 완성하는 힘이 되었다는 것을.

끝나기 전까지는 모든 것이 불가능해 보인다. 지금 이 책을 보고 있는 당신도 같은 마음으로 불안할 것이다. 결국 끝은 온다. 그 끝이 성공일지 실패일지는 지금의 노력으로 증명된다. 불안한 이유는 아직 스스로 준비되지 않았다는 생각이 들기 때문이다.

원인을 안다면 고민하지 말자. 부족한 실력을 채우며 시간을 헛되이 쓰지 말자. 두렵고 힘들어 보이는 목표에 매일 도전하자. 지금도 시간은 최선을 다해 흐르고 있다.

나는 인생을 건 공부를 시작했다

2

라이벌의
진짜 의미 이해하기

미켈란젤로Michelangelo와 라파엘로Raffaello, 농심과 삼양, 스티브 잡스Steve Jobs와 빌 게이츠Bill Gates, 코카콜라와 펩시, 오메가와 롤렉스, 나이키와 아디다스, 김연아와 아사다 마오에게는 공통점이 있다. 같은 분야에서 같은 목표로 막상막하의 실력을 겨룬 라이벌들이라는 점이다.

농경사회 시대에 강은 인간의 삶에 꼭 필요한 필수 요소였다. 사람들은 강 주변에 마을을 형성하고 농사나 수렵으로 삶을 이어갔다. 우리가 알고 있는 세계 4대 문명이 강을 끼고 발생한 것도 이러한 특징 때문이었다.

그런데 인간은 강을 공평하게 나눠 쓰며 공유하는 경우도 있었지만 반대의 경우도 많았다. 특히 가뭄이 발생할 때는 물 부족을 겪으며 서로의 이권을 앞세워 다투는 일이 잦았다. 그러나 힘을 모아 홍수나 가뭄 등의 재난을 극복하고 강을 공유하면서 다툼이 아닌 진정한 경쟁을 하는 라이벌이 됐다. 라이벌 rival은 강river을 뜻하는 라틴어 리부스 rivus의 파생어로, 리발리스 rivalis는 '강 주위에 살면서 함께 이용하는 이웃'을 의미한다.

성공이라는 물고기를 잡기 위해 누구나 기회의 강물에 뛰어든다. 때로는 친구도 경쟁의 대상이고, 같은 시험을 준비하는 모든 사람이 경쟁 상대다. 그리고 우린 생의 마지막 그날까지 온통 치열한 경쟁 속에서 살아간다.

라이벌이라고 하면 떠오르는 두 여성이 있다. 1990년 9월 5일, 1990년 9월 25일로 생일이 비슷하고, 키 164cm와 163cm, 몸무게는 두 사람 모두 47kg으로 신체조건도 비슷했다. 김연아와 아사다 마오, 두 사람의 이야기다.

"운명과도 같은 존재다."

아사다 마오는 김연아를 이렇게 표현했다. 굳이 그녀가 말하지 않아도 세상은 두 사람을 세기의 라이벌로 표현하며 끝없이 경쟁

나는 인생을 건 공부를 시작했다

시키고 한편으로는 응원했다. 우리 한국인들도 두 사람의 경쟁에는 매우 적극적으로 관심을 보이곤 했다. 아무리 이웃 나라라고 해도 한일전 만큼은 절대 지고 싶지 않은 한국인의 심리도 반영되었을 것이다.

엎치락뒤치락 두 사람은 세계 무대를 장악해 나갔다. 그러나 시니어 무대 데뷔 후, 김연아의 존재감이 월등했다. 드디어 그들이 꿈꾸었던 대망의 2010년 밴쿠버 동계올림픽이 열리던 그해, 두 사람의 금메달을 향한 경쟁에 세계적인 관심이 집중됐다.

결과는 김연아의 압도적인 승리였다. 경기 후 두 사람은 모두 눈물을 흘렸다. 한 사람은 분노의 마음으로, 또 한 사람은 힘든 시간을 버티며 모든 것이 끝난 후 찾아오는 기쁨의 눈물이었다.

아사다 마오의 "모든 것을 했는데 분하다"는 말이 오역이라는 의견들도 있다. 내가 생각하기에도 '억울하고 속상하다'는 정도가 맞을 것 같다. 하지만 인터뷰 영상과 달리 그녀가 김연아에게 느낀 경쟁심과 그로 인한 스트레스가 얼마나 심했는지 알 수 있었다. 그녀는 김연아 선수 다음 순서로 등장해 연기를 펼쳤는데, 커튼 뒤에서 경기장 분위기를 살피는 등 내내 불안해 보였다.

김연아 선수는 달랐다. 분위기에 휩쓸리지 않는 차분한 표정과 미소의 여유에서 그녀가 걸어온 길이 느껴졌다. 올림픽이 끝나고 많은 언론이 그녀의 소식을 다루었다. 그중에서도 한 인터뷰 기사가 유독 눈에 띄었고 깊이 공감됐다.

"왜 자꾸 마오 선수와 대결 구도로 몰고 가는지 모르겠어요. 물론 서로에게 좋은 자극제가 되는 훌륭한 맞수임에는 분명합니다. 하지만 그 이상도 그 이하도 아닙니다. 굳이 따지면 저의 가장 큰 적수는 제 자신입니다. 가장 큰 라이벌도 제 자신이고요. 결국 제 자신과의 싸움입니다."

당신의 라이벌은 누구인가? 함께 큰 시험을 준비하고 있는 친구인가, 아니면 얼굴도 모르는 누군가인가? 싸워 이길 경쟁 상대가 아니라, 김연아 선수가 말한 '서로에게 좋은 자극제'가 되는 것은 어려운 일일까?

페이스 메이커의 힘

―

"아, 그건 156페이지 마지막 문단에 있어."

앞서 말한 바 있지만, 친구 베네딕은 늘 1등을 도맡아 하던 친구였다. 공부한 내용을 이야기하면 몇 페이지 어디쯤 있다고 말하는 베네딕을 보며 라이벌이라는 생각은 들지 않았다. 그러기에

나는 인생을 건 공부를 시작했다

는 그의 실력이 뛰어나 요즘 말로 '넘사벽'이었다.

의대 공부를 마치고 국시를 거친 우리는 파견된 병원은 달랐지만 각자의 자리에서 인턴 과정도 함께 보냈다. 독일에서는 인턴이 끝나면 구술시험을 통과해야 한다. 시험을 치르기 한 달 전, 베네딕과 나는 준비에 들어갔다. 시험 범위가 매우 많아서 서로 협력하는 것이 유리했다.

"한나, 네가 2단원을 공부해. 내가 1단원을 할게."

"그래, 그럼 3시간 뒤에 서로에게 가르쳐 주기로 하자."

우리는 공부해야 할 시험 범위를 나누고, 3시간 뒤에 서로에게 가르쳐 주기로 했다. 그는 내게 자신이 공부한 1단원을, 나는 그에게 내가 공부한 2단원을 가르치면 되는 일이었다.

'뭐지? 이 녀석, 이미 알고 있잖아?'

그런데 내가 베네딕을 가르칠 차례가 되어 공부한 것을 알려줄 때 깜짝 놀라고 말았다. 그는 이미 모든 것을 알고 있었고, 내가 중요하다고 알려주는 내용이 그에겐 일종의 복습이었다.

'베네딕이 내게 배울 게 있을까?'

나는 그의 도움으로 부족한 실력을 채우고 있지만, 그는 분명 아니었다. 나는 그에게 아무런 도움이 되지 않는 듯했다. 하지만 2주 정도의 시간이 흐르자, 우리는 서로 완벽하게 알려줄 수 있는 상태가 됐다. 시험을 1주일 남긴 시점부터는 누가 더 많이 아는지 서로 열변을 토했다. 그야말로 다윗과 골리앗처럼 차이가 컸지만, 그 순간 만큼은 정말 라이벌이라고 불러도 좋을 만큼 서로의 지식을 꺼내놓으며 앞다투어 경쟁했다.

그를 넘어서겠다는 생각은 해본 적이 없지만, 내가 모르는 것을 그가 물을 때 점점 화가 나기 시작했다. 실력의 부족함을 느낀 나는 더욱더 공부에 매달렸다.

베네딕이 없었다면, 공부하는 과정이 분명 더 힘들었을 것이다. 어떻게든 어려움을 뚫고 의대를 졸업할 수 있었겠지만, 끊임없이 나의 부족함을 일깨우고 공부하도록 부추긴 베네딕 덕분에 더 효율적으로 시간을 보낼 수 있었다.

그도 나를 경쟁 상대로 느꼈을지는 알 수 없다. 1등을 놓치지 않던 친구였으니 상위권이 아니었던 나를 그렇게 생각하진 않았을 것이다. 확연한 실력 차이에도 불구하고, 그는 왜 나와 함께했을까? 지금 생각해보면 우리는 서로 둘도 없는 친구이자 동료였고, 공부의 페이스를 놓치지 않도록 이끌어주는 페이스 메이커였다.

의사가 되기 위한 긴 시간은 마라톤처럼 험난한 여정이었고, 스스로 한계를 느끼면서도 계속해서 나아가야 하는 도전의 연속이었다. 극심한 스트레스와 피로감, 때때로 정체되어 늘지 않는

나는 인생을 건 공부를 시작했다

실력, 영혼을 다해 노력하는 데도 실패할까 걱정되는 마음까지 그 모든 것이 미래를 불안하게 만들었다.

베네딕의 존재는 그럴 때마다 훌륭한 길잡이가 되어 내 공부 여정을 도우며 멈추지 않게 했다. 그런 우리에게 등수나 성적은 중요하지 않았다. '의사가 되겠다'는 공동의 목표와 그것을 위한 최선의 노력만이 중요했다.

당신이 이겨야 할 경쟁자는 바로 당신이다

———

이 책은 나의 공부법을 소개하겠다는 애초의 의도와 달리, 지난 시간을 돌아보는 계기가 되었다.

'유학을 가기 전으로 돌아간다면, 다시 똑같은 선택을 할 수 있을까?'

스스로 이렇게 물었을 때 선뜻 대답하지 못했다. 지난했던 시간을 기억하는 내게 같은 선택은 쉬운 일이 아니다. 하지만 함께 공부했던 베네딕 외 몇몇 친구들을 떠올렸을 때, 그 친구들과 함께라면 다시 해볼 수도 있겠다는 생각이 들었다. 그들은 공부를 도와준 라이벌이자 페이스 메이커였지만 그 이상의 존재감을 가졌던 것이 분명했다.

생각에 생각을 거듭하고 나서야 그 정체가 무엇인지 깨달았다. 그가 내게 준 존재감은 '의사라는 꿈을 향해 함께 어려운 길을 가는 친구'라는 '동질감'이었다. 게다가 그는 의사의 꿈을 이루는 길에 놓인 '이정표'이자 '롤모델'이기도 했다.

함께 공부했던 친구들도 마찬가지였다. 서로 공부 방법에 대해 조언을 주고받으면서 나의 방법이 틀리지 않았음을 확인할 수 있었고, 더 열심히 노력해야겠다는 순수한 경쟁심을 가질 수 있게 되었다. 만약 그들과 같은 꿈을 꾸며 함께 공부하고 있다는 마음보다 싸워 이겨야 할 상대라는 생각이 컸다면, 대학 생활 내내 피 튀기는 전장으로 향하는 군인의 심정이었을 것이다.

많은 이들이 라이벌을 이겨야 할 경쟁 상대로만 생각한다. 잘못된 생각이다. 오히려 같은 길을 가는 동반자로서 동지 의식을 갖는 것이 바람직하다. 그뿐 아니라, 누가 나를 라이벌로 생각한다면, 내가 타인에게 두려움을 줄 정도의 실력을 갖추었다고 인정받은 것이니 차라리 감사할 일이다.

당신이 뛰어넘어야 할 라이벌은 노력으로 앞서가는 누군가가 아니라, 매번 달라지지 않고 나는 왜 안 되느냐 투덜거리는 자신이다. 자신을 뛰어넘는 것은 곧 한계를 넘어서는 것, 실력은 그제

나는 인생을 건 공부를 시작했다

야 늘고 성공이 가까워진다. 지나친 경쟁의식으로 스트레스가 쌓일 때면 다음 내용을 떠올리자.

1. 성공한 타인과 자신을 비교하지 말자.

어린 시절, 부모님이 옆집 아이와 비교해 불쾌했던 경험이 누구에게나 한두 번은 있었을 것이다. 행위의 주체가 달라졌다고 불쾌한 감정이 사라질까? 더욱 노력하겠다는 진정한 경쟁의식이라면 모를까, 남과 자신을 비교하면서 열등감이 폭발한다면 자학일 뿐이다. 당신은 당신의 목표를 향해 정속으로 직진하면 된다.

2. 나 자신과 싸워라.

앞서 타인과의 비교는 하지 말라고 했다. 하지만 자신의 미래 모습과 현재 자신을 비교하는 건 필수다. 나는 그랬다. 도저히 해낼 수 없을 것 같을 때마다 '미래의 나'를 설정해놓고 그 모습과 '현재의 나'를 비교하면서 경쟁을 했다. 그래서 항상 남을 쫓는 것이 아닌 내 꿈을 좇을 수 있게 되었다. 동시에 다른 이와 비교하면서 그들과 다른 상황에 분노하지 않고, 내 상황을 역이용해 더 잘 이끌어 나갈 수 있었다.

목표를 이루는 데 방해되는 모든 유혹에 흔들리는 나, 오늘 아니어도 내일 하면 된다며 쓸데없이 게을러지는 나, 오늘은 왠지 도서관보다 맛집을 가고 싶은 나, 포기하고 싶어지는 나, 나는 왜 이렇게 태어나 생고생이냐며 조건과 환경에 분노하는 나, 노력해도 실력이 늘지 않는 한계에 도달한 나… 이 모든 '나'가 넘어서야 할 라이벌이다. 할 수 있는 모든 노력을 했는데 금메달을 놓쳐 억울하다는 아사다 마오와 언제나 자신이 넘어서야 할 라이벌이었다는 김연아가 주는 교훈이다.

3. 변화는 새로운 길을 찾는 방법이다.

정말 안 되는 것이 있다. 내게 맞지 않는 공부법을 고수하는 것도 그중 하나다. 궁극의 성공으로 가기 위해 세운 작은 목표들에 도전해 보니 정말 나와 맞지 않는 것이었거나, 더 좋은 것이 있다면 잠시 접어두고 다른 목표를 세울 수 있다. 그것은 시행착오일 뿐 실패가 아니다.

이 길이 아니면 다른 길을 찾자. 새로운 길을 만들 수도 있다. 단, 냉정하게 판단하자. 자신의 노력이 부족한 것은 아니었는지, 힘들고 귀찮아 더 빠르고 쉬운 길을 찾는 것은 아닌지 말이다.

나는 인생을 건 공부를 시작했다

4. '성공'과 '성장'은 이음동의어다.

일은 하기 싫고, 부자는 되고 싶은 사람들을 위해 비밀을 하나 알려주고 싶다. 나는 지금껏 성공을 갈망하는 젊은 친구들의 이중적인 모습을 많이 봐왔다. 형편이 어렵다며 타인에게 돈을 빌려 간 사람이 SNS에 올린 유명 맛집과 고가의 음식 사진을 찍어 올리고, 워라밸을 꿈꾼다면서 자신의 실력을 높이기 위한 노력은 하지 않고 명품과 외제차에 수입을 올인한다.

빌린 돈은 나의 재산이 아니다. 언젠가 이자를 붙여 반드시 갚아야 할 빚이다. 또한 일과 삶의 균형을 원하면서도 자신의 업무능력을 키우기보다 겉치장에 몰두한다면 아직 성공할 준비가 안 된 것이다.

공짜는 없다. 워라밸을 이룬 사람, 워라밸을 지켜주는 기업은 그에 상응하는 대가를 요구한다. 성장하는 직원은 승진과 워라밸이라는 보답을, 그렇지 않은 사람은 결국 도태될 수밖에 없다. 또한 유능하고 성실한 직원을 지켜주지 않는 기업도 인재들의 선택을 받지 못하니 성장할 수 없다. 잊지 말자. 성공은 언제나 당신의 땀과 시간을 먼저 요구한다.

5. 실패에 관대해지자.

실패할 수 있다. 짧은 시간 안에 단 한 번의 도전으로 성공하기는 어렵다. 공부와 인생, 그 어느 것에도 오답 노트는 존재한다. 성공이 쉬웠다면 반면교사로 삼을 오답 노트는 존재하지 않을 것이다. 그러니 실패를 이유로 자신을 깎아내리면서 마음에 상처를 내지 말자. 내 탓이라고 반성하는 것은 좋지만, 지나치면 자학이다. 오답 노트로 삶도 공부도 부족한 부분을 채워 나가면 발전할 수 있다.

3
공부 우울증을
이겨내는 법

모두 잠든 깊은 밤, 깨어 있는 사람은 오직 나뿐일 것만 같은 밤, 어쩌면 세상의 모든 짐을 나 혼자만 지고 있는 듯 몸도 마음도 무거운 밤, 그런 밤이 있다. 햇살은 나뭇가지로 쏟아지듯 부서져 내려 온통 눈이 부신 날, 걱정 따위 전혀 없는 듯 환하게 웃으며 거리를 걷는 사람들, 일사불란하게 움직이며 나 없이도 잘 돌아가는 세상, 그런 낮도 있다.

도서관을 향해 걷는 발길은 천근만근 늘어진다. 짊어진 책가방은 왜 또 그렇게 무거울까. 이번에도 1등이라며 선생님의 칭찬을 받는 친구와 그 앞에서 한없이 작아지는 나, 재수생이 된 나와 달리 먼저 합격하고 새내기 대학생이 된 친구, 함께 준비한 시험에서 합격하고 고시원에서 나가는 친구, 나보다 먼저 취업해서 첫 월급을 받았다며 한턱 쏘는 친구, 최저 임금을 겨우 벗어난 월급을 받는 나와 달리 성과급까지 두둑하게 받아 여름휴가를 위해 유럽행 비행기표를 예약하는 친구. 그런 날, 그런 계절이 있다.

같은 해에 태어나 같은 나이에 초등학교, 중학교, 고등학교를 다닌 우리는 늘 출발선이 같았다. 그런데 언제부터인가 나는 아직 여기에 머무르고 저들은 저만큼 앞서 달려가고 있어 혼자만 뒤처진 기분에 울고 싶다. 이제 열정도 의지도 메마른 좀비 같다는 우울한 생각이 머리를 파고든다.

우습다. 도저히 뚫고 나갈 구멍이라곤 보이지 않는데 세상은 온통 할 수 있다며 내 등을 떠민다. 열정으로 도전하면 안 될 일이 없다고, 도전하지 않는 사람이 곧 실패자이니 당신도 열심히 하라고 한다.

'내가 열심히 하지 않아서 실패한 것일까? 그들의 말은 왜 내가 한 번도 열심히 안 한 사람처럼 작아지게 만들까? 그래봤자 될 놈만 되고, 나처럼 해도 해도 늘지 않는 무능력자는 처음부터 그들을 밑에서 받쳐주는 받침대 인생으로 태어난 것 아닐까?

나는 인생을 건 공부를 시작했다

아니, 어쩌면 내 잘못일지도 몰라. 난 정말 노력한 걸까? 정말 열심히 한 걸까? 열심히 한다고 했는데 실력이 늘 제자리라면 머리가 나쁜 탓이잖아? 그렇다면 잠을 더 줄여서라도 공부해야 했어. 어떤 환경이었든 결국 벗어나지 못하는 내 탓이고 내 잘못이야! 내가 못나서 벌어진 일이야.

그래, 이 세상은 내가 없어져도 괜찮을 거야. 아무도 관심을 주지 않겠지. 나라는 실패자의 죽음 따위 누가 슬퍼하겠어.'

잠깐! 스톱!

지금 이렇게 슬퍼하며 좌절에 빠졌다면 생각을 멈추고 나의 말에 귀 기울이길 부탁한다. 지금 당신이 있는 곳이 옥상 난간 끝이든, 아파트 베란다든, 한강 다리 위 어디쯤이든 상관없다. 당신이 있는 그곳이 침대 위 따뜻한 이불 속이라고 해도 마음만은 벼랑 끝에 서 있는 기분일 테니까.

지금 당신이 병에 걸렸다는 사실을 깨달아야 한다. 추운 겨울날의 독감처럼 인생의 고단한 시기를 만나 '마음의 독감'으로 지쳐 있을 뿐이다. 당신이 죽고 사는 결정은 이를 인정해야만 풀리는 '나에겐 최고 난이도', '타인에겐 최하 난이도'의 시험 문제다. 제3자의 냉정한 시각으로 자신을 들여다보자.

당신은 지금 아프다.

인생에도 브레이크가 필요하다

자투리 시간까지 아껴가며 몸이 가루가 될 정도로 공부에만 몰입했던 나에게도 휴식이 필요했다. 면역력이 높아도 바이러스가 찾아오듯, 우리의 육체와 정신에 때때로 몹쓸 무기력과 피로함이 깃들기 때문이다.

휴식은 일종의 백신이다. 예방 주사를 맞은 사람은 독감에 걸려도 가볍게 스치듯 지나간다. 마음의 독감이라고 다르지 않다. 주기적으로 휴식을 취하지 않으면 영혼까지 흔들며 삶을 망쳐버리지만, 적절한 휴식으로 몸과 마음을 쉬게 한 사람은 우울한 감정으로 돌이킬 수 없는 지경까지 가게 되지 않는다.

성적은 포기해도 삶은 포기하지 말자. 나는 내가 가진 다른 재능을 살리는 것보다 공부가 쉬웠을 뿐, 인생을 살아내는 방법은 공부가 아니라도 얼마든지 있다.

1. 밖으로 나가자.

몸도 마음도 지쳐 공부에 몰입되지 않고 우울한 생각이 들 때 가장 좋은 방법은 책상 앞을 떠나는 것이다. 도서관, 자신의 방, 독서실, 카페 등 공부하기 위해 실내에 있었다면 과감히 탈출하

자. 1시간도 좋고 2시간도 상관없다. 때로는 하루를 모두 비우고, 공부와 관련 없는 다른 일로 하루를 채우자. 마음껏 소리 지르며 환호할 수 있는 놀이공원에 가거나 스포츠 경기 관람을 하는 것도 좋다.

밀린 잠을 자는 것도 좋은 방법이지만 추천하지 않는다. 육체의 피로 해소만큼 정신적인 스트레스를 해소하는 것도 중요하다. 눈을 떴을 때, 책상과 공부해야 할 책들이 먼저 보이면 밀린 잠을 잔 것을 후회할지도 모른다. 그러니 몸도 쉬고 마음도 쉴 수 있는 방법을 찾자.

독일 유학 시절, 내가 살던 기숙사는 호수와 공원을 끼고 있었다. 공부가 되지 않는 날이면, 이어폰을 끼고 공원 벤치에 앉아 햇빛에 몸을 맡겼다. 특히 실내에서 공부만 하는 사람들에게 이런 야외활동을 추천한다. 햇빛은 체내에서 비타민D를 합성하여 면역력을 높여주는 효과가 있다. 만약 책상 옆을 떠나는 것이 불안하다면 작은 단어장이나 노트를 하나 챙겨 가자. 평소에 필기를 꼼꼼히 했던 나는 노트 한 권이면 충분했다.

2. 적당한 소비로 마음을 쉬자.

쇼핑은 언제나 우리를 즐겁게 한다. 공부 스트레스로 우울하다면, 새 운동화나 티셔츠 등 적당한 소비로 기분 전환을 할 수 있다. 요즘은 캐릭터나 아이돌의 굿즈 상품도 많다. 책상에 놓인 귀여운 캐릭터 인형을 보면 저절로 웃음이 나올지도 모른다.

커피나 차를 즐기는 나는 경제 사정이 허락하는 선에서 예쁜 찻잔이나 찻주전자를 사곤 했다. 기분을 달랠 수 있는 소소한 사치였으므로 수집하는 정도는 아니었다.

예쁜 찻잔을 손에 쥐고 우아하게 차향을 즐길 때면 귀족 여인이 된 듯한 착각에 코웃음이 절로 났다. 차를 마시면서 성공한 내 모습을 떠올리면, 내가 이루어야 할 목표가 더 간절해지곤 했다.

3. 친구와 시간을 보내자.

동병상련이라고 했다. 그래서인지 내게 고민이 있을 때 조언을 해주는 친구보다 이야기를 들어주고 함께 공감하며 맞장구쳐주는 친구가 더욱 다정하게 느껴진다. 친구에게 나의 마음을 털어놓고 그의 이야기도 들어주자. 혼자가 아니라는 것을 깨달으면 외로움이 사라진다.

나를 알아주는 사람이 세상에 아무도 없다는 기분은 착각이다. 서로에게 경쟁자라는 생각은 버리고, 함께 전쟁을 치르는 전사처럼 *끈끈한 동지애*를 가진 동료임을 기억하자.

나는 인생을 건 공부를 시작했다

4. 마법의 주문을 외우자.

실패했다면 툭툭 털고 일어나 이렇게 말하자.

"내가 이렇게까지 해도 안 되면, 될 사람은 없어."

"이렇게 했는데도 실패했네. 더 잘 되려고 그러나 보다. 덕분에 다른 기회와 시간이 생겼는데 어떻게 활용할까?"

"늦지 않았어. 완성되는 순간 난 그 누구보다 앞서 있을 거야."

그리고 매일 잠자리에 누우며 이렇게 말하자.

"오늘도 살아남았다. 내일도 오늘처럼 최선을 다하자."

"이렇게 매일 살다 보면 '벌써 내가 해냈네. 지나고 보니 금방이구나'라고 생각할 날이 반드시 올 거야."

부정적인 생각은 나의 하루를 망치고 남은 열정과 의지까지 사라지게 한다. 하지만 긍정적인 마음은 꺼지는 열정도 되살리며 무기력을 용기로 바꾸어 준다.

실패는 과정일 뿐이라는 것을 이제 우리 모두 알고 있다. 다만, 우울함에 빠져 가끔 그 사실을 망각하며 괴로워한다. 자신을 깎아내리며 좌절하지 말자. 나의 가능성을 믿자. 내가 걸어온 시간을 믿자.

나는 이 방법들로 나를 지켰다. 늘 공부만 하며 삶의 다른 것은 모두 포기했을 것 같지만 절대 그렇지 않다. 공부가 아무리 중요해도 폭주하는 기관차처럼 점점 속도를 높이며 영원히 달리는 것은 불가능하기 때문이다. 인간은 타인과 유기적으로 얽혀 함께 살아가는 생명체이지 않은가. 적당한 완급 조절이 없다면 생명력이 빠르게 소모되어 몸과 마음에 질병이 찾아오는 것을 막을 수 없다.

공부하는 동안은 합격이 인생에서 가장 중요한 것처럼 보일 수 있다. 착각이다. 무너진 건강 앞에서 맛볼 수 있는 성공은 없다. 건강이 완전히 망가져 버리거나, 폭주하다 정작 성공 앞에서 무너질 수 있다. 내 실력의 한계를 알고 공부한 것처럼, 내 몸의 한계도 똑바로 보자. 부족한 실력을 채우듯, 몸과 마음의 체력을 키우자.

우리는 늘 새로운 출발선에 선다

밤새 유튜브 라이브로 공부하는 모습을 공유하는 요즘 세대의 모습이 30대인 내게 매우 신선한 충격이었다. 노트에 필기를 하지 않고 태블릿을 이용하거나, 강의를 동영상으로 촬영하는 것도

나는 인생을 건 공부를 시작했다

놀라웠는데 격세지감이 따로 없었다.

이들은 자신의 공부하는 모습을 실시간으로 방송하며 "함께 공부해요"라고 말한다. 라이브 방송 내내 연필 끄적이는 소리나 책장 넘기는 소리를 ASMR로 들려주며 공부하는 모습은 다른 누군가에게 혼자가 아니라는 동지 의식과 충분한 동기 부여가 될 듯했다.

그러고 보면, 사람의 감정은 정말 신기하다. 밤늦게까지 나 홀로 공부하고 있으면 뿌듯하다는 생각과 동시에 한편으로는 외롭다는 감정도 올라오니 말이다.

실시간 라이브로 함께한다는 생각을 대체 누가 했을까? 더구나 코로나19 팬데믹 시대에 비대면이 일상화된 지금 이렇게 새로운 방법으로 누군가와 서로 자극을 주며 함께할 수 있다니!

나는 도서관에서 다른 친구들이 공부하는 모습을 직접 보면서 자극받은 세대라서 언택트 시대를 슬기롭게 살아가는 요즘 청년들의 아이디어와 센스에 감탄이 나온다. 무한 경쟁 시대를 온몸으로 체감하면서도 한편으로는 좌절하지 않고, 소통의 노력을 기울이는 지금의 세대가 너무 멋지다.

반면에 어느 수험생이 우울증을 견디지 못하고 생을 마감했다는 뉴스는, 나를 슬픔보다 화나게 한다. 공부는 인생의 전부가 아닌데 그런 결정을 내린 사람의 마음이 오죽했을까. 세상이 그들을 벼랑 끝까지 내몰며 공부해야 살아남을 수 있다는 말로 떠민 것은 아닌지 속상하다.

내가 의사가 될 수 있었던 비결은 사실 공부법에 있는 것이 아니다. 반복되는 시험에 일희일비하지 않고, 실패에도 오랜 시간 좌절하지 않으며 늘 새로운 출발선에 섰다는 것이다. 우리 앞에는 언제나 새로운 출발선이 기다리고 있다. 특히 공부로 성공을 이루겠다는 사람에게 시험의 기회는 매년 반복되어 도전을 이어갈 수 있다는 장점이 있다.

속상한 순간이 오더라도 반성하되 연연하지 말자. 노력에 응답하지 않은 결과가 억울해도 훌훌 털어 버리자. 시작할 수 있다는 마음이 모든 것을 이긴다.

나는 인생을 건 공부를 시작했다

4

공부하면서
절대 먹으면 안 되는 것들

결론부터 말한다. 공부 잘하는 약? 그런 것은 없다. 이 세상에 존재하는 약을 크게 나누어 보면 사람을 '살리는 약'과 '죽이는 약' 딱 2가지가 있다. 나도 먹으면 공부를 잘하게 되는 약이 있었으면 좋겠다. 알약 한 알이면 뇌 활동이 몇 배씩 활성화되어 책을 읽기만 해도 머릿속에 쏙쏙 주입된다면 얼마나 좋을까?

우리에게 '공부 잘하는 약'으로 알려진 약은 ADHD Attention Deficit Hyperactivity Disorder, 주의력결핍 과잉행동장애의 치료제다. ADHD 증상은 한 가지에 오랜 시간 집중하는 것을 어려워하고, 과잉행동으로 주의가 산만한 것이다. 대부분 아동기에 많이 나타나는 장애이며, 요즘에는 청소년과 성인 환자들도 늘고 있다.

그런데 최근 식약처에서 조사한 발표에 따르면, 2019년에 ADHD 치료제가 가장 많이 판매된 곳은 서울 강남구였다. 누가 보아도 이상하다. 이를 어떻게 해석해야 할까? 더욱이 수능을 앞둔 10월에 가장 많이 처방되어 오남용과 부적절한 처방을 의심하지 않을 수 없었다.

ADHD 치료제의 성분은 메틸페니데이트이다. 향정신성의약품으로 도파민dopamine과 노르에피네프린Norepinephrine의 재흡수를 억제하여 도파민과 노르에피네프린의 수치를 증가시킴으로써 중추신경을 자극하게 된다. 주의산만했던 환자가 이 약으로 차분해지는 것을 보면 공부에 더 집중하고 싶은 사람들이 유레카를 외칠 만하다.

미국에서는 '스터디-드러그Study-drug'라며 사회적 파장이 일었다. 집중력과 성적에 진심인 사람은 미국에도 많다. 모두 무한 경쟁이 불러온 이 사회의 어두운 단면이다.

국내와 달리 두 종류의 약물이 있는데, 그 하나가 암페타민 성분의 애더럴이다. 우리나라에서는 생산·유통·구매되지 않는 금지약물이다. 한 정치인의 딸이 밀반입하여 대문짝만하게 얼굴이

신문에 실린 적이 있다. 물론 공부하려고 이 약을 원한 것이 아니겠지만.

사태가 이렇게 심각해지니 이 약물에 대한 집중력 상승 효과가 사용자와 학계 사이에서 뜨거운 감자가 되었다. 학계는 환자가 아닌 사람에게 효과가 없다고 주장했고, 사용자들은 공부에 도움을 준다고 주장했다.

나 역시 절대 이 약이 '공부 잘하는 약'이 아니라고 강조하고 싶지만, 약의 효과를 믿고 싶은 사람은 내가 그렇게 말해도 쉽게 믿어지지 않을 것이다.

그렇다면 넷플릭스에서 〈슈퍼맨 각성제〉라는 다큐멘터리를 보자. 이 다큐멘터리에 등장하는 펜실베이니아대 마사 파라Martha J. Farah 교수는 10년 동안 공부 잘하게 해주는 약이라고 알려진 애더럴의 인지능력 향상에 대해 연구한 결과를 강변한다. 애더럴과 위약을 두 그룹으로 나누어 각각 사용하게 했는데 결과에 차이가 없었다는 것이다. 그녀는 이 같은 연구 결과를 국제학술지 〈신경약리학Neuropharmacology〉에 발표했다. 연구에 10년이나 걸렸고, 발표된 지도 무려 10년이나 지났지만 여전히 오남용되고 있다.

ADHD 치료제가 학생들 사이에서 '공부 잘하는 약'이라는 별명이 붙게 된 것은 집중력을 높이면 성적을 올릴 수 있다는 간절한 염원이 반영된 결과다. 공부에 집중해야만 하는 입장에서 약의 도움이라도 받고 싶겠지만, 이는 완전히 잘못된 생각이다. 이 약은 집중력에 문제가 있는 ADHD 환자들에게 필요한 약이라, 일반인에게는 치명적인 문제가 생길 수 있기 때문이다.

열심히 공부하는 당신에게 부모님이 찾아와 뒤통수를 세게 치며 이렇게 말했다고 가정해보자.

"공부해!"

부모님이 사랑의 매를 뒤통수에 날려주시니 집중력이 높아졌다고 감사해하면서 이렇게 말하는 사람이 있을까?

"한 대 더 때려 주세요. 공부 잘되게요."

분명 집중력이 깨지고 마음만 상하여 반발심이 들 것이다.

"하고 있잖아! 왜 때려!"

ADHD 치료제, 소위 '공부 잘하는 약'의 정체는 부모님이 당신의 뒤통수에 날린 '한 대'의 폭력 행위와 같다. 부작용으로 성격이 예민해지는 신경과민증은 물론, 두통, 불안감, 식욕 감소, 불면증, 구토, 오심 등이 나타날 수 있는데, 환자가 아닌 일반인들에게선 더 심각하게 나타날 수 있다. 물론 이 정도는 우스울 것이다. 환각, 망상, 자살 시도라면 어떤가?

점수 올리려다 죽고 싶냐고 묻고 싶지만, 대학 갈 때까지만 먹겠다거나 시험이 끝나면 끊겠다고 주장하고 싶을 것이다. 꿈도 꾸지 말자. 각성제가 왜 향정신성의약품인지 잊지 말자. 함부로 오남용하게 되면, 약물 없이는 제대로 할 수 있는 일이 없는 무능력한 사람이 된다.

일반인들이 각성제로 집중력을 높이려는 이유는 피로를 느끼고 체력이 저하되는 것을 억지로 막기 위해서다. 피로할 때 쉬고 싶고 졸음이 쏟아지는데, 우리의 몸이 보내는 쉬라는 신호를 무시하고 좀 더 공부나 일에 집중하고 싶어서다. 애초에 ADHD의 원인인 뇌의 구조적인 결함이나 신경전달물질의 부족이 원인이 아니므로 부작용이 심각하게 나타날 수 있다는 것을 명심하자.

졸리면 차라리 그냥 자자. 책상 앞에만 앉으면 졸린 이유는 의지가 박약하거나 피로하기 때문이니 약으로 해결되지 않는다. 깨어는 있지만 의지가 없다면, 참고서를 볼지 만화책을 볼지 아무도 알 수 없다.

그러나 오랜 공부 몰입 끝에 졸음이 쏟아지는 것은 육체의 피로라서 짧은 숙면으로 해결할 수 있다. 실제로 나는 시험을 앞두고 마음 놓고 푹 잘 수는 없었지만, 내게 꼭 필요한 시간만큼은 자면서 공부를 했다.

다이어트 약 파헤치기

―――

성적 걱정만 할 것 같은 공부하는 사람들에게 또 다른 큰 고민이 있다. 운동 부족과 비만이다. 굳이 비만이 아니어도 하체 부종이나 바르지 못한 자세로 인해 목과 허리의 통증 등으로 이어질 수 있다. 가격이 비싸더라도 좋은 의자를 선택하는 것은 이런 이유 때문이다.

살찌는 것을 막으려면 고칼로리 음식을 먹지 않으면 된다. 더 좋은 방법은 적당한 운동으로 체중이 늘어나는 것을 방지하고 건강에도 긍정적인 효과를 얻는 것이다. 그런데 이게 말이 쉽지 직접 실천하기란 너무 어렵다. 때문에 많은 수험생이 먹기만 하면 살이 빠진다는 약에 현혹된다. 하지만 '공부 잘하는 약'만큼 위험 천만한 것이 다이어트 약임을 알자.

우선, 다이어트 약은 크게 7가지로 분류할 수 있다. 기초대사량을 높이는 약, 식욕억제제, 항간질제, 부종완화제, 변비약, 지방흡수억제제, 혈당저하제 등이다. 일부 이해되는 약도 있고, 다이어트와 전혀 상관없는 약도 있다.

예를 들어 기초대사량을 높이는 약에는 써모펜에스정, 카페드린에스정, 슈가펜에스정 등이 있는데 모두 감기약이다. 아마 지금 깜짝 놀라 입을 손으로 막는 독자들도 있을 것이다. 그런데 사실이다. 이 약들의 성분은 모두 감기약이다.

어떻게 이런 일이 가능할지 의심스럽겠지만, 엄연히 합법적 처방이다. 의약품 중에는 허가받은 용도 외에 의사의 판단에 따라 치료 목적에 부합하는 약물을 처방할 수 있는 '허가 외 사용' 약물이 있는데 이 약들은 여기에 해당한다. 대표적인 다이어트 약인 '기초대사량을 높이는 약'과 '식욕억제제', 최근 부상하고 있는 '항간질제'의 무서운 진실에 대해 알아보자.

기초대사량을 높이는 약

먼저, 기초대사량을 높이는 약은 말 그대로 우리 몸의 에너지 대사를 촉진시킨다. 쉽게 말해 움직이지 않고 가만히 숨만 쉬고 있어도 내 몸이 칼로리를 더 많이 태운다는 소리다. 먹어도 살이 찌지 않는 사람들에게는 대부분 기초대사량이 높다는 특징이 있다. 얄밉다며 눈 흘기지 말자. 이런 사람들과 숨만 쉬어도 살찌는 사람들에게는 큰 차이가 있으니까.

높은 기초대사량을 가졌다는 것은 생활 자체가 모범답안이라는 소리다. 규칙적인 식생활, 적절한 수면, 고른 영양 섭취를 유지하고, 끼니를 거르거나 폭식하지 않는다면 당신의 기초대사량도 높아질 수 있다. 괜히 신의 선택을 받아서 살찌지 않는 축복을 받은 것이 아니다. 수험생이 이런 생활이 가능할까? 솔직히 말해서 현실적으로 쉽지 않다. 그렇다면 방법은 한 가지, 덜 먹어야 한다.

감기약 성분에는 카페인무수물, 에페드린염산염, 아세트아미노펜 등의 성분이 들어 있으며, 이 중에서 카페인무수물과 에페드린염산염은 우리 몸의 에너지 소모를 높이는 작용을 한다.

당연히 부작용이 심각하다. 아마 커피나 에너지드링크만 마셔도 가슴이 두근거려 힘든 예민한 사람들이 있을 것이다. 모두 카페인 때문이다. 기침과 기관지염 등에 사용하는 에페드린염산염도 심장을 빨리 뛰게 한다. 혈압이 높아지거나 심실성 부정맥, 빈맥, 전흉부 통증, 심계항진이 나타날 수 있다.

더 큰 문제는 정신신경계에 나타나는 이상 증상이다. 어지럼, 두통, 신경과민, 불면, 무력감이 나타날 수 있고, 고용량 투여 시에는 환각이나 망상이 나타날 수도 있다.

기초대사량을 높이는 약은 대부분 식욕억제제와 병용 투여하거나, 식욕억제제로 선행하여 효과를 보다 다이어트의 정체 시기가 올 때 추가로 처방되곤 한다. 살을 빼겠다고 기초대사량을 높이는 다이어트 약을 굳이 먹을 필요 있을까? 차라리 그냥 커피를 마시자. 기초대사량을 높이는 약의 부작용은 크지만 효과는 별로 없다.

식욕억제제

이 약은 정말 심각하다. 2021년 〈그것이 알고 싶다〉 프로그램 '나비약과 뼈말라족' 편을 통해 우리나라 청소년들이 이 약을 불법적으로 구매하여 복용하는 모습을 봤다. 10대 청소년부터 체중에 민감할 수밖에 없는 연예인들까지 유경험자들이 출연하여 직접 경험담을 토로하기도 했다.

결과만 놓고 보면, 이 약이 다이어트에 가장 효과가 크다. 앞서 소개한 ADHD 치료제처럼 중추신경계에 작용하며, 배고픔을 덜 느끼게 하고 포만감을 증가시켜 식욕을 줄여주어 '먹지 않으면 살찌지 않는다'는 진리에 가장 충실한 약이다. 그런데 이 약은 진짜 마약이다.

식욕억제제는 크게 2가지로 분류한다. 첫째는 펜터민 계열의 약, 둘째는 펜디메트라진 계열의 약이다. 방송에서 10대 청소년들이 불법적으로 나비 모양의 '나비약'을 찾았는데, 이 약이 바로 펜터민 계열이다. 펜디메트라진 계열의 약은 동그란 모양으로 중심부에 줄이 그어져 있거나 원형 그대로다.

펜터민은 복용 1시간 후, 펜디메트라진은 복용 30분 후에 효과가 나타난다. 마약류 식욕억제제인 펜터민, 펜디메트라진 등은 허가 용량으로 4주 이내 단기 사용, 최대 3개월 사용으로 권장하고 있으며, 그 이유는 약에 대한 의존성 때문이다. 특히 펜디메트라진 계열의 약은 투약을 중단할 시 피로감, 우울증, 환각, 환청 등 정신 분열 상태의 부작용이 나타날 수 있으며, 펜터민보다 의존성이 더 높아서 약을 중단하기 더 어렵다. 방송에 출연한 사람들은 모두 우울증, 환청, 환각, 자살 시도 등의 부작용으로 고생했다며 후회했다. 이 약이 공부에 몰입해야 하는 우리에게 정말 도움이 될까? 공부하느라 망가진 몸매를 약으로 해결할 수 있다는 생각은 버려야 한다. 더욱이 약을 먹었으니까 더 먹어도 된다는 욕심은 정말 어리석은 생각이다. 몸도 망가지고 살도 더 찌기 때문이다.

항간질제

이외에 식욕억제제로 사용되는 것은 토피라메이트 성분의 약인데, 단독 제품이 있고 펜터민과 혼합된 제품인 큐시미아가 있다.

항간질제는 원래 뇌전증(간질)에 의한 발작을 예방하고 조절하는 약이지만, 항간질제 토피라메이트가 식욕억제제로도 사용되는 이유는 간단하다. 원래 용도에 맞게 사용하다 보니, 사용자들에서 체중 감소와 두통이 사라지는 효과가 나타난 것이다. 간질 환자들에게는 명백히 부작용인데, 제약회사는 식욕억제제와 두통약을 만들 기회였다.

나는 인생을 건 공부를 시작했다

체중을 줄이는 효과는 높았다. 하지만 부작용을 피해 갈 수 없었던 사용자들의 경험담을 인터넷에서 흔치 않게 발견할 수 있다. 입마름, 불면증, 어지럼, 두근거림, 불안감 등 어느 한 가지도 공부할 때 위해 요소가 되지 않는 것이 없다.

더 큰 문제는 우울증을 겪는 사람들에게 정신적 부작용으로 자살에 대한 충동이 증폭될 수 있다는 점이다. 공부하며 불어난 체중 때문에 건강이 안 좋아진다 생각하여 남용한다면, 오히려 약으로 인해 건강이 완전히 망가지는 악순환이 반복될 수 있다.

더 많은 위험한 약들이 인간의 욕심과 충동을 채우기 위해 존재하는 세상이다. 그 욕심은 끝이 없다. 쉽게 효과를 보고, 쉽게 욕망을 채울 수 있는 쪽으로 계속 진화한다. 다시 말하지만, 공부 잘하는 약이나 건강하게 살이 빠지는 다이어트 약은 이 세상에 없다. 당신이 하는 노력의 끝이 성공임을 믿고 이런 약들에 손대지 말자. 조금 늦더라도 건강한 방법으로 꿈을 이룰 수 있다.

시험 당일, 조심해야 할 음식과 약

공부하는 사람들에게 가장 많은 질환이 스트레스로 인한 과민성 대장증후군이 아닐까? 집중해야 하는데 속이 안 좋아 화장실에 들락거리게 된다면 몸도 마음도 지쳐 공부하기 힘들어진다. 특히 시험 전날은 스트레스와 긴장으로 몸이 극도로 예민해져 있을 때라서 주의가 필요하다.

유제품

시험 전날과 당일 절대 먹지 말아야 하는 음식에 단연코 첫 번째는 유제품이다. 평소 아무렇지 않게 먹었던 유제품(우유, 치즈 등)이라도 시험 당일에는 극도로 예민해져 배탈이 날 수 있다. 마음 놓고 맛있는 것을 먹겠다고 치즈 토핑을 푸짐하게 올린 피자를 먹거나, 간단히 떠먹는 요거트 하나로 허기만 지우겠다는 생각이 시험을 망치는 원흉이 될 수 있다.

기름진 음식

응원의 의미로 가족이나 친지들이 평소에 먹지 않던 영양식을 사줄 수 있다. 하지만 예민한 상태에서 먹는 기름진 음식은 배탈을 부를 수 있다. 특히 스트레스성 과민성 대장증후군을 앓고 있다면 짜장면, 삼겹살 등과 기타 산해진미로 상다리가 부러지게 차린 평소와 같지 않은 음식은 피해야 한다.

커피

커피를 마신 후, 화장실에 자주 가는 경험을 해본 사람이 많을 것이다. 커피에 들어 있는 카페인의 이뇨 작용 때문이다. 시험 중 화장실에 가고 싶어 문제에 집중할 수 없는 곤경에 빠지고 싶지 않다면, 시험 당일에는 절대 마시지 말자.

감기약

늘 건강하면 좋겠지만, 감기에 걸려 고생하는 사람들은 어쩔 수 없이 약을 먹어야 한다. 그러나 약국에서 쉽게 구매할 수 있는 감기약의 주성분이 항히스타민제라면 조심하자. 설마 시험 문제를 풀다 엎드려 자는 일은 벌어지지 않겠지만, 졸음을 참느라 집중력이 흐려질 수 있다. 이밖에 비염 등 알러지약의 성분도 항히스타민제가 들어가니 주의하자.

이외에도 앞서 설명한 다이어트 약 중 '기초대사량을 높이는 약'은 중추신경을 흥분시켜 가슴 두근거림, 불안, 초조 등과 같은 부작용이 올 수 있으니 시험 당일에는 반드시 피하자.

5

임계점 넘어서기

역치閾値는 특정 반응이 일어나는 자극의 최소한의 세기를 말한다. 이를테면 살을 꼬집을 때 통증을 처음 느끼게 되는 자극의 크기, 통증을 진정시키는 진통제의 최소 용량, 포만감을 느끼게 하는 최소 식사량 등으로 역치를 설명할 수 있다.

마찬가지로 스트레스에도 역치가 존재한다. 마약과 같은 향정신성 의약품, 우리가 느끼는 충동이나 행복과 같은 심리적 반응에도 역치가 있다. 즉, 살아 있는 생물의 모든 반응에는 그것을 유발하는 최솟값이 있다는 뜻이다. 그래서 다른 말로 '문턱값', '역가', '한계치'라고도 한다.

'역치'는 대상마다 다르고, 점점 높아진다. 쉬운 예로, 달리기를 10분밖에 하지 못하는 사람이 있고, 30분을 하는 사람이 있다. 두 사람 모두 하루에 30초씩 늘려 연습하면 점점 체력의 한계가 높아져 달리는 시간이 늘어나고 역치가 높아진다. 이때의 역치는 체력의 한계를 느끼는 수치이면서 곧 능력치이기도 하다.

고통을 줄여주는 강한 효과의 마약성 진통제의 효과 또한 역치는 사용하면 사용할수록 낮아진다. 한 알이면 충분했던 사람이 점점 복용량을 늘려야만 효과를 볼 수 있어 특별한 주의가 필요하다.

유감스럽게도 우리가 느끼는 만족이나 행복의 역치도 점점 달라진다. 갑자기 매월 100만 원의 용돈을 받게 되면, 처음에는 감사하고 기쁘지만 나중엔 무덤덤해진다. 자녀가 시험에서 60점을 받아오자 80점만 받아오면 소원이 없겠다던 부모님이, 다음 시험에서 80점을 받아오면 다시 90점을 기대하게 되는 것 또한 역치가 높아졌기 때문이다.

이처럼 능력이 확장되면서 높아지는 역치는 바람직하지만, 반대로 역치에 사로잡혀 한계를 만드는 것은 곤란하다. 스포츠 선수들이 자신의 역치를 알고 있다며 뛰어넘을 생각을 하지 않으면 어떻게 될까? 천연두는 불치의 병이니 고칠 수 없다며 치료법을 찾지 않았다면 어땠을까? 화성이나 달은 너무 멀리 있어 갈 수 없으니 탐사할 꿈을 갖지 않고 노력도 하지 않았으면 어땠을까?

"난 아이큐가 100도 안 돼. 머리가 나빠서 공부머리도 없어."

"난 흙수저야. 학원? 고액 과외? 꿈도 못 꿔! 학원을 다녀도 어려운데 안 다니고 높은 점수를 받는 게 가능해?"

"나도 열심히 하는데, 그 친구는 부모 잘 만나서 끼리끼리 스펙 나눔을 해. 도저히 따라갈 수 없어!"

"고시원에 들어가서 닥공해도 될까 말까인데 난 알바까지 해야 돼. 경쟁이 되겠어?"

한계는 누구나 느낀다. 처한 환경이 달라서 힘에 부칠 수도 있고, 기회의 문이 더 좁아 보이기도 한다. 그러나 지금 이런 핑계를 대고 있다면 인생을 바꿀 기회를 아예 놓치게 된다. 또한 이미 성공의 길을 걷고 있는 사람들의 눈에는 그저 핑계로만 보일 뿐이다. 할 수 있는 최대치가 100이라면 고작 10~20만 하면서, 자신의 실패를 관대하게 봐주길 원하지 말자.

한 아이가 동생이 태어나자 이런 말을 했다.

"바퀴는 어디에 달렸어요?"

동생을 자신과 놀아줄 장난감으로 착각한 엉뚱한 질문에 어른들은 웃을 뿐이었다. 학교 성적이 뛰어나지도 않았다. 자신이 좋아하는 수학과 과학 과목의 성적은 우수했지만, 어학 과목의 성적은 상대적으로 엉망이었다. 그는 성적이 부족하여 고등학교 1년을 더 다니기로 하고 원하는 대학의 입학 허가를 받았다. 대학 재학 중에도 크게 눈에 띄는 학생이 아니었으며, 수업은 빠지고 실험실에 틀어박혀 좋아하는 연구에만 몰두하여 졸업 성적도 동급생 중 꼴찌에 가까웠다.

하지만 대학 졸업 후 특허청에서 특허심사관으로 일한 그는 과학사에서 절대 빼놓을 수 없는 업적을 세웠으며, 누구도 부정할 수 없는 천재 과학자로 자리매김했다. 심지어 천재의 비밀을 풀겠다는 어느 병리학자가 그의 시신에서 뇌를 도둑질해 240조각으로 나누는 몹쓸 짓을 하기도 했다. 그 천재 과학자는 바로 아인슈타인이다.

천재의 비밀은 풀렸을까? 아니, 비밀 따위는 없었다. 그의 뇌를 나눠 받아 연구한 연구자들은 나름의 결과를 내밀며 천재의 뇌는 특별하다고 말하고 싶었을 것이다. 그러나 과학계는 그들의 논문에 과학적 오류가 많고, 보고 싶은 것만 보는 확증 편향에 가깝다는 평을 하며 인정하지 않는다. 오랜 연구에도 주목할 만한 결과가 없는 것은 현대 과학이 풀지 못한 이유가 있을 수 있다. 하지만 천재와 평범한 사람은 따로 정해져 태어나는 것이 아니며, 본인의 노력에 따라 성공을 이루게 된다는 방증이 아닐까?

물론 아인슈타인이 천재가 된 데에는 분명 필수적 조건인 남다른 집중력과 끈기가 있었다. 다른 아이들은 겨우 3층에서 포기하는 카드 쌓기를 포기하지 않고 10층까지 쌓는 근성, 답을 얻기 위해 포기하지 않고 탐구하는 자세가 그의 천재성을 만들었다.

사람의 환경이나 지능과 같은 타고난 조건이 성공을 보장하지 않는다. 또한 내가 바꿀 수 없는 타고난 조건에 집중하면 불행해질 수밖에 없다. 하고자 하는 마음이면 실패했을 때 이유를 찾고 다시 시도하지만, 그런 마음이 없는 사람은 실패를 이유로 재도전하지 않는다.

공부는 내 길이 아니라고? 학교를 졸업하고 사회에 나와 부대끼며 살아가는 사람들이 반드시 하는 말이 있다.

"차라리 공부가 쉬웠다."

지금 자신은 3층에서 카드 쌓기를 포기하려는 것은 아닌지, 반드시 10층까지 쌓겠다는 각오는 되어 있는지 생각해보자. 성공은 실패를 디뎌야만 도착하는 계단의 종착점이다.

경기 중 똥을 싼 남자가 남긴 교훈

유튜브 영상에 달리는 댓글 중에 지금까지 반복되는 질문들이 있다. 자신이 원하는 선택은 A인데, 어쩔 수 없는 자신의 환경 때문에 B를 선택했다며 나라면 어떤 결정을 내렸을지 묻는 내용이다.

쉽게 대답할 수 없었다. 마음 같아서는 동기 부여가 되는 말을 해주고 싶지만, 결국 선택은 본인의 몫이다. 그동안 내가 했던 선택에 대해 이야기한들 과연 그에게 도움이 될지 의문이 들었다. 더욱 우려되는 것은 이런 말로 반감을 살 수도 있어서다.

"직접 겪어 보지 않았으니 그렇게 말하는 거죠."

그럼에도 불구하고 결론부터 말하면, 나는 내가 원하는 A를 선택한다. 물론, 나도 미성년자였을 때는 부모님의 선택을 따를 수밖에 없었다. 하지만 성인이 된 후, 내가 내린 모든 결정의 주체는 나였다.

특히 구독자들이 댓글로 문의한 상황 중에 나 또한 비슷한 경험이 있는 경우에는 선택을 고민할 필요가 없었다. 그러니 이미 성공을 거둔 사람이나, 더 큰 성공을 위해 현재도 부단한 노력을 기울이고 있는 내가, 실패나 좌절을 겪지 않았을 것이라는 오해는 하지 말자. 누구나 한 번쯤 겪는 일이고, 정도의 차이는 있을지라도 살면서 위기를 겪지 않는 사람은 없다.

당시 내가 들려주었던 이야기는, 분명 환경을 비롯한 악조건 때문에 고민하고 있는 독자들에게도 큰 깨달음을 줄 것이다. 자신이 처한 환경에 굴하지 않고 끝까지 자신의 길을 가는 것을 선택한 스웨덴의 마라톤 선수 미카엘 에크발Mikael Ekvall의 이야기다.

2008년, 미카엘 에크발 선수는 예테보리 하프 마라톤 대회에 참가했다. 그의 나이 19살이었다. 잔뜩 긴장한 탓일까? 마라톤이 시작되자마자 미카엘은 큰 문제에 봉착했다. 갑자기 아랫배의 고통과 함께 변의가 찾아온 것이다. 고통을 참으며 해결할 방법을 찾았지만 화장실은 보이지 않았다. 극한의 고통을 참으며 달리던 미카엘은 결국 2km 구간에서 설사를 분출하기 시작했다. 무려 12km에 이르기까지 설사는 계속됐다.

전 세계 4만여 명의 참가자와 수많은 언론사 기자들이 주목하는 세계적인 마라톤 대회였다. 그는 일생일대의 망신으로 남을 수 있다는 것을 몰랐을까? 심지어 TV로 전 세계에 방송이 되기까지 했다. 누군가 결승점을 통과한 그에게 '왜 화장실에 가지 않고 달렸느냐'고 물었다. 그러자 그는 이렇게 대답했다.

"한 번 멈추면, 다음에 또 힘들 때마다 멈추게 되어 습관이 될

나는 인생을 건 공부를 시작했다

까봐 계속 달렸습니다."

그는 비록 '똥 싼 마라토너'라는 별명을 얻으며 그 모습이 담긴 사진이 지금까지 인터넷에 떠돌지만, 4만여 명이 참가한 대회에서 21위라는 높은 기록을 세웠다. 다음 해에 같은 대회에 참가했을 때는 9위였다. 그리고 2014년 3월에 덴마크 코펜하겐에서 열린 하프 마라톤 대회에서 스웨덴 신기록을 세웠다. 이제 그는 똥 싼 마라토너라는 오명보다 '포기하지 않고 끝까지 달리며 성공을 이루어낸 남자'로 회자된다.

환경에 굴하지 않고 끝까지 자신의 성공을 위해 내달린 사람이 미카엘 에크발 뿐일까? 마라톤 이야기가 나왔으니 한 사람 더 소개하고 싶다. 그는, 아니 그녀는 '세계 최초의 여성 마라토너'였다. 지금은 마라톤에 여성의 참가가 가능하다 못해 당연한 세상이지만, 그녀가 없었다면 불가능했을 것이다.

캐서린 스위처Kathrine Switzer 선수는 대학 재학 중 육상클럽에서 활동하며 마라톤 완주의 꿈을 키웠다. 하지만 마라톤 대회에서 여성이 뛰는 것은 70년 동안 이어진 금기 사항으로 여성의 참가는 여러 번의 시도에도 매번 거부되었다.

캐서린은 여성이라는 사실을 들키지 않도록 이니셜로 이름을 표기하여 1967년 보스턴 마라톤 대회의 참가 등록을 마쳤다. 그녀가 달릴 때는 코치와 남자 친구도 함께였다. 하지만 대회 조직 위원장이 그녀를 발견하여 쫓겨날 위기에 처했다.

"당장 꺼져! 번호표 내놔!"

그는 불같이 달려들어 그녀를 끌어내며 번호표를 떼어내려 안 간힘을 썼다. 여성이 마라톤 대회에서 뛴다는 것만으로 이렇게 분노할 일이었을까? 조직위원장은 자신의 대회를 망치고 있다고 호통쳤다. 그러나 캐서린은 대회 관계자들의 방해에도 포기하지 않고 끝까지 달렸다.

4시간 20분. 세계 최초로 여성이 마라톤을 완주한 기록은 그렇게 써졌다. 그러나 보스턴 체육협회는 여성의 불법 참가라는 이유로 인정하지 않았으며, 아예 캐서린을 실격 처리했다. 그런데 곧 놀라운 일이 일어났다.

마라톤 출전 당시, 그녀의 곁을 지나던 기자들에 의해 온 사회에 알려지게 된 것이다. 조직위원장과 관계자들이 그녀를 끌어내려 난동을 부린 모습과 굳은 표정으로 꿋꿋하게 완주하는 그녀의 사진이 일파만파 세상에 퍼지며 모두의 가슴에 감동을 남겼다. 그녀의 기록을 인정하라는 요구도 빗발쳤다.

그로부터 5년 뒤, 1972년에 여성들도 마라톤 대회에 참가하는 것이 허락됐다. 1984년 로스앤젤레스 올림픽에서는 여성 마라톤

이 공식 종목으로 채택되었다. 지금은 당연한 여성 출전이 불과 40년 전에는 불법이었다는 사실이 놀랍기만 하다. 자유주의를 표방하는 미국에서 겨우 40년 전에 금기가 깨진 것이다.

지금은, 여러 분야에서 여성의 활동을 제약하고 차별했던 과거를 믿기 힘들 수 있다. 그러나 돌이켜 보면, 그런 일들은 비일비재했다. 남성이라고 해서 상황이 다른 것도 아니었다. 유치원 교사나 헤어디자이너는 여성만 하는 일이라는 금기를 깬 남성이 존재했고, 남성만 할 수 있다고 생각한 용접일이나 건축일에서 여성이 활약하기도 한다. 내가 당했던 인종 차별을 흑인들은 감히 비교도 할 수 없을 만큼 겪었고, 백인들과 동등한 위치가 되기까지 목숨을 걸고 싸워야만 했다.

정말 환경이 뒷받침되지 않아서 원하는 공부를 할 수 없는 것일까? 정말 조건이 당신의 발목을 잡아서 하고 싶은 일, 이루고 싶은 꿈을 포기한 것일까? 모든 선택에는 책임과 용기 그리고 노력이 필요하다. 어려운 환경을 가졌다면 더욱 용기를 내야 하고, 더 많은 노력을 기울여야 한다. 그렇지 않다면 그 대가는 '똥 싼 마라토너'라고 불리는 것보다 더 크고 무거운 후회일 것이다.

하지만 길이 없던 곳에 항상 첫발을 내딛는 누군가 있었다. 다른 선수들과 관중들이 보고 있는데도 '포기'가 아닌 '완주'를 선택한 마라토너의 고통, 세계 최초의 마라톤 완주 기록을 세운 여성에게 쏟아진 비난과 마라톤 참가 거부. 누군가에게는 '포기'가 당연한 환경이었겠지만, 이들에게는 그저 좀 더 잡기 어려운 기회였다. 그리고 그들의 선택은 다른 사람들에게 '하면 된다'는 새로운 길이 됐다.

이제 선택은 당신의 몫이다. 환경 때문에 포기할 것인가, 꿋꿋하게 나아갈 것인가. 나의 선택은 바뀌지 않을 것이다. 그리고 나의 선택은 또 하나의 새로운 길이 되리라 믿는다.

나를 조종할 사람은 오직 나

自의에 의해서 선택 A를 했든 환경에 굴복한 선택 B를 했든 선택에 대한 책임으로 인해 괴로움은 따르게 된다. 속상하고, 아쉽고, 서운하고, 실망하다가 패배감이 들 때면, 이 감정이 곧 세상에 대한 분노로 변해 버리기도 한다.

그래도 우리는 이런 감정을 이겨내려 버둥거린다. 나만의 방법을 찾아 자신을 일으켜 세우고 다시 노력한다. 나도 그랬다. 초등 시절 왕따를 당했고, 넉넉하지 못한 가정형편 탓에 부모님의 권

나는 인생을 건 공부를 시작했다

유로 예술 중학교를 포기했다.

공부를 잘한다는 소리를 들으며 고교 시절을 보냈지만 결국 원하는 대학에 가지 못했고, 명문대에 들어간 친구에게 인간 정리도 당했다.

학벌주의? 그렇다면 뛰어넘자 마음먹고 의전원을 준비했는데 떨어졌을 땐 완전히 무너졌다. 로봇이 아닌 이상, 감정이 흔들리지 않았다면 거짓말이다. 나는 그렇게 패배감에 사로잡혀 미쳐버릴 것만 같은 심정으로 자학을 일삼았다.

그런데 시간이 지나고 보니 모두 내 탓이었다. 성적이 처음부터 좋지 못해서 수시에서 떨어졌던 거였고, 내신에 집중하느라 모의고사를 뒤늦게 신경 쓴 내 탓이었다. 부족했던 나 스스로가 낳은 결과였다.

하지만 나는 다시 일어나 독일 유학을 강행하고 결국 의사가 됐다. 최소한의 돈으로 독일에 온 나는 길거리에 떨어져 있는 페트병을 주워 팔며, 하루 한 끼 15센트짜리 빵으로 1년 넘게 연명했다. 수시로 쏟아지는 인종 차별은 공부하기 좋은 환경이었을까? 자식의 유학 뒷바라지를 제대로 해줄 수 없었던 부모님의 심정은 또 어떠했을까?

내 지나온 삶 어디에 꽃길만 걷게 할 반짝이는 행운이나 배경이 숨어 있을 것 같은가. 자신이 보고 싶은 것만 보는 사람들의 눈에는 이 모든 과정이 절대 보이지 않는다.

타인과 비교되는 불행한 가정 환경을 생각하면 억울할 것이다. 내 선택과 상관없는 시작선이니 억울함은 분노가 되고, 시작하지도 않은 일에 실패한 듯 패배감이 찾아올 수도 있다. 행운은 언제나 나를 비껴가고, 잘난 사람들은 쉽게 거머쥐는 기회조차 다른 세상 이야기처럼 들리기도 한다.

공부라고 다를까? 누구는 부유한 환경에 태어나 아버지의 인맥과 어머니의 고급 정보로 스펙을 쌓으며 탄탄대로를 걷는데, 학원에 등록하는 것조차 눈치를 봐야 한다면 차라리 도전을 포기하고 싶을 수도 있다.

하지만 언제까지 나를 망치는 나쁜 감정들에 사로잡혀 분노만 하고 있을 것인가? 나는 삶을 방해하는 불필요한 감정들을 무시하기로 했다. 성공에 대한 갈망과 열정은 뜨겁게 타오르게 하는 대신 이를 방해하는 분노나 슬픔 등의 감정은 길게 가져가지 않고 세상을 향해 던져버렸다.

"내 탓이야. 좀 더 똑똑하게 행동했어야 했어."

"이런 일이 벌어지지 않게 미리 조심할 수 있었는데 주의하지 못했어."

나는 인생을 건 공부를 시작했다

"속상하고 화나지만 이미 벌어진 일은 어쩔 수 없잖아. 이제부터 실수 없게 잘해야지."

실망스러운 일이나 분노할 일이 생기면 나를 향해 조용히 속삭인다. 나쁜 감정에 사로잡히면 앞으로 나아가게 할 열정을 식혀 무기력해질 수밖에 없으니 냉정함을 되찾기 위해서다.

이런 감정들로 머리가 복잡할 때 책이 눈에 들어올까? 이것을 이겨낼 방법은 감정에 휘둘리지 않고 나아가는 것이다. 잊지 말자. 나를 조종할 수 있는 사람은 오직 나뿐이다.

6

열등감은
최고의 연료다

성공한 사람들은 흔히 운이 좋았다고 말한다. 심지어 한국 최초로 아카데미 여우조연상을 받은 윤여정 선생님도 자신은 운이 좋았을 뿐이라고 했다. 마침 좋은 영화에 섭외가 됐고, 그 영화가 아카데미에 진출한 덕분이니 운이 좋은 것이라는 뜻이었다.

하지만 성공한 사람들이 아무리 운이 좋았다고 말해도, 실제 성공 요인을 그것으로 믿고 받아들이는 사람은 아무도 없다. 오히려 그들의 겸손과 쉬지 않고 부단한 노력을 이어온 것에 찬사를 보낸다.

손흥민이 어린 시절부터 혹독한 훈련과 연습으로 다져지지 않았다면 지금과 같은 명성을 쌓으며 세계적인 축구선수가 될 수 있었을까? 윤여정 선생님이 훌륭한 연기자가 아니었다면 아카데미에 후보로 오를 만큼 뛰어난 작품에 섭외될 수 있었을까? 수능을 준비하는 학생이 시험을 반복하며 부족한 실력을 채우기 위해 노력하지 않았다면 전국 수석이라는 영광을 얻을 수 있었을까?

"그 애요? 운이 좋은 애죠. 부모 잘 만나서 부족함 없이 잘 살고, 대치동 학원도 다닐 수 있고, 고액 과외도 받을 수 있으니 성적이 안 나올 수가 없죠."

자신도 그 사람처럼 운이 있었다면 성공했을 것이라며 확신한다. 그러나 '운이 좋았다'는 말을 누가 했느냐에 따라 이렇게 의미가 달라진다.

'운'의 실체를 모르는 사람들이 흔히 할 수 있는 잘못된 생각이다. 성공은 정류장에 서 있는 사람에게 저절로 다가와 멈추는 버스가 아니다.

손흥민의 예로 들어보자. 그는 어린 시절부터 아버지와 함께 다양한 훈련을 받은 것으로 알려져 있다. 이미 실력을 인정받아 해외에 진출한 뒤에도 남보다 더 많은 훈련으로 실력을 쌓은 것으로 유명한 선수다. 그러므로 그가 말하는 '운'이란 곧 '기회'다.

언제 올지 알 수 없는 기회를 위해 오랜 시간 준비했고, 마침 그 기회가 다가왔을 때 놓치지 않고 잡았다. 그가 말하는 운이 좋았던 순간이다.

'나는 운이 좋다'고 생각하는 사람과 '나는 운이 없다'고 생각하는 사람의 차이는 분명하다. 전자의 경우는 '운이 다가오는 때'가 언제인지 모르지만, 그날을 위해 준비한다. 평소 기다린다는 생각도 없다. 매일 열심히 살다가 갑자기 나타난 그 순간에 놓치지 않고 잡을 뿐이다.

아무리 기다려도 '운'이 오지 않는다며, 스스로 운이 없다고 말하는 후자의 사람들은 어떨까? 솔직히 말하면 그들은 운이 다가와도 붙잡기 어렵다. 갑자기 다가오는 운을 잡으려면 갈고리라도 만드는 심정으로 준비해야 하는데, 아무것도 하지 않고 기다리기만 했기 때문이다. 시험 준비를 철저히 한 사람이 합격에 가까워지는 것처럼, 운을 잡기 위한 갈고리는 예리할수록 기회를 잡을 확률이 높아진다.

공부도 그렇다. 당신에게 기회란 시험이 예정된 그날이다. 정말 감사하게도 세상은 언제 기회를 주겠노라 예고까지 했다. 그렇다면 그날의 기회를 잡기 위해 시험 준비에 열중하면 된다. 정말 운이 좋아서 합격한 것이라면, 단지 시험 공고를 보고 시험 당일에

나는 인생을 건 공부를 시작했다

책상 앞에 앉아 시험지를 보는 것만으로 합격해야 맞다.

그래서 옛날 어른들이 이런 말을 했다. 말을 물가에 끌고 갈 수는 있어도 강제로 물을 먹일 수는 없다고. 1타 강사 앞에 혹은 합격률이 높다는 유명한 학원에 당신을 앉혀 놓는 것만으로는 공부로 성공할 수 없다. 그들과 당신의 차이는 '운'이 아니라, 그들은 했고 당신은 하지 않은 데에 있다. 오늘의 내 모습은 어제까지의 내가 만들었다는 사실을 잊지 말자.

스스로 부족하다는 것을 안다는 것은

정도의 차이는 있지만, 누구에게나 열등감이 있다. 열등감 따위 모르던 어린 시절의 나도 옷 잘 입는 친구들에게 왕따를 당한 후 한동안 괴로웠다. 시장에서 샀어도 나에게 내 옷은 편하고 예뻤는데, 친구들에게 손가락질을 받을 수 있다는 사실은 큰 충격이었다. 그렇게 생긴 마음의 상처는 왕따의 이유였던 내가 입은 옷을 돌아보게 만들었다. 이것은 내가 한동안 유행과 패션, 브랜드에 민감했던 이유이기도 했다.

이런 열등감은 수시로 찾아온다. 시험에서 떨어진 친구는 합격한 친구가 부럽고, 백수는 번듯한 직장에 취업하거나 창업에 성공한 친구가 부럽고, 솔로는 멋진 이성을 만나는 친구가 부럽다. 제주도로 휴가를 다녀온 사람은 유럽 여행을 다녀온 사람을, 월세 사는 사람은 전세 사는 사람을, 전세 사는 사람은 집을 소유한 사람을, 작은 집에 사는 사람은 큰 집에 사는 사람을 부러워한다. 우리는 그렇게 나와 타인을 비교하며 작아진다.

소소한 행복이 소중하다는 것을 알아도 소용없다. 자신이 불운한 환경을 갖고 있어 그들처럼 되지 못했다는 비뚤어진 마음이 생기면 시기와 질투까지 더해지며 하루하루가 지옥이 된다.

그런데 이 순간부터 열등감을 느낀 사람들이 두 부류로 나뉘며 운명이 달라지기 시작한다. 첫 번째 부류는 열등감을 느낀 이후 원하는 인생을 살기 위해 노력하는 사람이고, 두 번째 부류는 좌절하다가 급기야 자신의 인생을 망치는 사람이다.

나는 첫 번째 부류였다. 단순히 비교만 당했어도 열등감을 느꼈을 텐데 왕따를 당하며 굴욕을 맛보고 나니, 그대로 주저앉아 좌절하며 인생을 망치는 짓은 용납할 수 없었다. 유행하는 옷이 뭐라고, 학벌이 뭐라고 종이 쪼가리 졸업장 한 장보다 사람의 진정한 가치를 알아보는 것이 그렇게 힘이 들까.

그래서 나는 지금도 성공을 향해 달리는 중이다. 열등감을 완벽하게 무너뜨리며 의사라는 꿈을 이루었지만, 더 큰 꿈을 이루기 위한 중간 목표들을 달성했을 뿐이다. 정말 놀랍게도 열등감을 딛고 일어서니, 남과 비교하는 일이 없어지고 내 삶에 더욱 충실해졌다.

나보다 잘난 사람들이 없어서가 결코 아니다. 같은 의사라도 더 훌륭한 위치에서 성공적인 삶을 살아가는 사람들은 많다. 하지만 지금 열등감이 비워진 자리를 차지한 것은 할 수 있다는 자신감이다.

남보다 부족하다는 걸 안다는 것은, 내가 앞으로 해야 할 일을 깨닫는 것이다. 비관하며 좌절만 한다면 이 기분은 절대 나아지지 않는다. '나도 성공하고 싶다'는 마음은 스스로 느낀 부족함을 채워야만 가능해지기 때문이다.

내 시간을 살자

2015년에 EBS 채널에서 아주 재미있는 4부작 다큐멘터리를 방송했다. 1부의 주제는 〈꼴찌가 1등처럼 살아보기〉였다. 전교 1등인 학생이 공부에 흥미를 느끼지 못하는 다른 학생과 짝이 되어 돕는 프로젝트를 진행했는데, 나중에 드라마의 모티브가 되었을 만큼 화제가 되었다.

그런데 사실 나는 이 다큐멘터리보다 이들의 근황을 전하는 한 방송사의 최근 프로그램과 유튜브의 영상에 더욱 관심이 갔다. 모두가 예상하듯 전교 1등을 도맡아 하던 친구는 의대에 진학하여 탄탄대로를 걷고 있었다. 그렇다면 꼴찌는 어떻게 살고 있을까? 그의 삶은 아직도 꼴찌였을까? 놀랍게도 그는 고교 졸업 후 중국의 대학에 진학하여 유학 생활을 했다고 한다.

더욱 놀란 이유는 따로 있다. 그는 공부를 잘하지는 못했지만, 방송에 나온 것처럼 꼴찌가 아니었다. 유학을 떠난 이유도 다큐멘터리가 자신을 전교 꼴찌로 만드는 바람에 한국에서 대학 진학이 어려울 것이라는 판단 때문이었다고 한다.

그는 강철 멘탈의 소유자였다. 대부분 그런 상황에 놓이면 방송에 출연하여 불이익을 받은 것에 분노하며 좌절했을 것이다. 대학 진학은 삶의 방향을 결정하는 큰 이벤트인데, 졸지에 전 국민 앞에서 꼴찌라고 낙인찍혔으니 얼마나 당황했을까. 그러나 그는 빠르게 자신의 길을 찾아 중국으로 유학을 떠났고, 이제 자신만의 시간 속에서 삶을 완성하고 있었다.

누구라도 자신의 의지와 상관없이 좋지 않은 환경에 놓일 수 있다. 달라지는 것은 없으니 실망하지 말자. 우리는 우리에게 주어진 시간 속에서 살아내려는 노력을 멈추지 않으면 된다.

가끔 나는 '나를 둘러싼 모든 환경과 조건들이 프로그램이 아닐까?'라는 생각을 한다. 이 세상이 누군가에게 조종되고 있거나 조작되고 있다는 의미가 아니다. 내가 눈을 감는 순간 프로그램이 종료되고, 이 세상이 모두 끝나는 것이다. 이런 생각을 하면, 다른 사람들의 시간과 프로그램이 중요하지 않게 느껴진다. 지금 내 인생이 늦고 빠른 건, 다른 사람이 아닌 내가 결정하는 것이기 때문이다.

내 삶의 주인공이 나인 것처럼, 당신의 삶에서 주인공은 바로 당신이다. 100세 인생을 놓고 보면, 겨우 몇 년 동안의 공부가 필요할 뿐이다. 공부로 승부를 건 당신, 이제부터 시작이다. 열등감 따위가 감히 내 인생을 가로막게 내버려 두지 말자.

5장
다시 한 번 뜨겁게
: 동기 부여

1

리부팅,
나를 다시 세우는 힘

눈으로 읽기만 해도 그 모든 것들이 블랙홀처럼 머릿속으로 빨려 들어가는 듯한 날이 있다. 최상의 컨디션이라 그렇겠지만 덕분에 그날의 목표량을 예상보다 빨리 마치게 된다. 반대로 정말 징그럽게 공부가 안 되는 날이 있다. 단어 하나 외우는 것도 모래를 씹는 것처럼 입속에서 겉돌기만 하고 내 것이 되지 않아 괴롭다. 모든 날이 공부가 잘되는 날의 연속이라면 얼마나 좋을까. 그래도 어떻게든 자신의 컨디션을 끌어올려 공부를 마칠 수 있다면 다행이다.

정말 최악의 상태는 머릿속이 백지처럼 하얗게 질려 버릴 때다. 억지로 외우는 것은 물론이고 이해도 되지 않는다. 내가 책상에 억지로 붙어 있는 것인지, 책상이 강제로 날 붙잡고 있는지조차 알 수가 없다.

사실 암기력보다 더 중요한 것이 이해력이다. 이해하지 못하면서 억지로 외우는 것은 의미 없는 반복으로 시간만 잡아먹는 바보짓이다. 그래도 외우면 된다고 생각하는 사람이 있다고? 다음 공식을 보자.

$$F=ma$$

각 알파벳의 의미를 모르면 이 공식을 외울 수는 있어도 절대 활용은 하지 못한다. 활용하지 못하는 공식을 외워봤자 소용이 있을까? 공식을 외우는지, 못 외우는지 암기 여부를 확인하는 문제가 시험에 나오는 경우는 없다.

이 공식에서 F는 힘Force, m은 질량mass, a는 가속도acceleration를 의미하며, 질량이 서로 다른 물체에 똑같은 힘을 가할 때 질량이 큰 쪽이 가속도가 떨어지고 이동 거리가 짧은 것을 설명한다. 크고 무거운 바위는 아무리 밀어도 꿈쩍하지 않지만, 작고 가벼운 바위는 살짝만 힘을 주어도 쉽게 밀리는 것과 같다.

그래도 잘 모르겠다면, 크고 무거운 늙은 호박 한 덩이와 작고

나는 인생을 건 공부를 시작했다

가벼운 사과 한 개를 같은 힘으로 던진다고 가정하자. 질량이 무거운 늙은 호박은 코앞에서 쿵! 가벼운 사과는 그보다 훨씬 먼 거리를 날아가 바닥에 떨어진다.

만약 이 공식을 몰랐다면 우리는 우리의 머리 위로 포탄을 떨어뜨렸을지도 모른다. 매일 지구를 돌고 있는 인공위성도 이 공식이 있어야만 쏘아 올릴 수 있다. 'F=ma'를 무작정 외우는 것과 의미와 예시를 이해하고 외우는 것, 둘 중 어느 쪽이 진정한 공부일까?

"그냥 무조건 외워!"

그래서 난 이 말이 싫다. 쓸데없는 생각이나 고민으로 공부나 특정 행동을 시작하지 못할 때는 이유를 불문하고 그냥 하라고 할 수 있다.

하지만 공부는 다르다. 시간 대비 효율이 떨어지는데 억지로 책상 앞에 있어봤자 늘어나는 것은 짜증뿐이다. 공부의 진척은 없고 중요한 시험 날짜는 다가오면 나를 향했던 짜증이 곪아서 퉁퉁 부은 종기처럼 타인을 향해 터지는 날도 있다.

"공부하는 게 벼슬이야? 시험 끝나기만 해봐라."

오죽하면 가족이 이런 말을 할까? 그러나 이해는 물론이고 암기도 되지 않는데 책상 앞에 오래 앉아 있다고 공부가 될 리 없다. 공부에 있어 가장 중요한 것은 '효율'이다. 24시간을 36시간처럼 사용하여 효율을 극대화하는 것이 중요한데, 하루 10시간 이상 책상 앞에 앉아 있어도 1시간 동안 공부한 것보다 못하다면 체력적으로도 버티기 힘들다. 차라리 그 시간에 부족했던 잠을 잤다면 떨어진 체력을 끌어올려 도움이 됐을 것이다.

공부의 효율이 떨어지는 데에는 몇 가지 이유가 있다. 이때는 효율이 떨어지는 이유를 파악하고 적절한 대처가 필요하다.

1. 지나치게 욕심을 냈을 때다.

쉬지 않고 무리하게 공부해서 피로가 오랜 시간 누적되면 효율이 떨어진다.

2. 스트레스가 쌓여 있을 때다.

공부 때문이든 그 외적의 이유이든 스트레스는 집중할 수 없게 만드는 최악의 방해꾼이다.

3. 공부법이 맞지 않을 때다.

타인의 방법이 아닌, 자신만의 방법을 서둘러 찾고 습관화해야 한다.

뜨거운 머리 식히기

주요 기능이 통화에만 한정되어 있던 핸드폰이 '스마트폰'이라는 이름으로 컴퓨터를 대신하고 있다. 한때 청소년들의 로망이었던 디지털카메라를 흡수하더니, 이제는 영화 촬영도 가능하다. 기자들의 손에서 보이스 리코더가 사라졌고, 음악을 들려주는 오디오 기기로 변신도 한다. 요즘은 TV처럼 드라마나 영화도 보여주고, 재미있는 책을 읽어주며, 심지어 실시간으로 빠른 길을 찾아 안내하기도 한다. 이 작은 기계가 컴퓨터를 삼킨 것도 모자라 카메라, 녹음기, 오디오, TV, 네비게이션 등 어지간한 전자기기를 삼킨 것이다.

문제가 있다. 아무리 기계라지만 사람이라면 곧 쓰러지고도 남을 만큼 과로하는 셈이다. 그래서 어디가 아픈지 고열에 시달릴 때도 있다. 당연한 현상이 아닌가 싶다. 힘에 부치도록 무리해서 일했으니 멀쩡한 게 오히려 이상하다. 그래서 제조사들이 고장 나지 말라고 재부팅이라는 특별한 기능을 넣었다. 예전에 이 기능이 없었을 땐 인위적으로 껐다 켜는 수고를 해야 했다.

스마트폰이 이렇게 많은 기능을 할 수 있게 된 것은 두뇌에 해당하는 AP^Application Processor 덕분이다. 사람의 뇌는 좌뇌와 우뇌,

컴퓨터에는 CPU, 그래픽 카드, 오디오 카드 등 다양한 부품들이 들어간다. 조립 PC를 사용해본 사람은 부품들을 기억할 것이다. 그런데 스마트폰은 컴퓨터에서 수행하는 각각의 역할을 AP 한곳에서 처리한다.

컴퓨터를 켜면 특유의 소음이 있는데, 데이터를 처리하는 프로세서들이 제 역할을 하면서 열이 오르는 것을 방지하기 위해 쿨링팬이 돌고 있어서다. 그런데 이 기능이 스마트폰에는 없다. 크기가 너무 작아서 쿨링팬을 넣는 것이 불가능하기 때문이다. 대신 주기적으로 재부팅 해주는 기능이 속도가 느려지고 발열하는 것을 방지한다.

기계도 이러한데 사람이라고 언제나 같은 컨디션으로 공부나 일을 지속할 수 있을까? 재충전의 시간을 갖지 않는다면 공부는 커녕 스트레스로 폭발할지도 모른다. 방학, 휴가, 안식년 등이 이를테면 우리의 머리를 식혀줄 쿨링팬인 셈이다.

부족한 시간은 어떻게든 공부의 효율을 올려 해결할 수 있었지만, 컨디션이 따라주지 않는 것은 도리가 없었다. 실력이 없어 불안감이 드는 것은 공부로 채울 수 있다. 하지만 공부의 효율이 오르지 않아 가슴이 답답해질 때는 책을 덮고 공부와 멀어지는 것이 답이었다.

'공부가 안 되는 날'에 대처하는 법

———

　도저히 공부를 계속할 수 없었던 날, 음악이 흐르는 이어폰을 귀에 꽂고 운동화를 신었다. 옷차림은 당연히 운동복이다. 책상 위의 책을 미련 없이 덮은 나는 그대로 캠퍼스를 달릴 참이었다. 발끝에 산책길이 닿는 순간부터 달리기 시작했다. 귀로 듣는 음악과 가슴에서 뛰는 심장이 몸을 따뜻하게 하더니 곧 땀이 흘러내렸다. 기분도 상황도 너무나 역설적이었다. 내 몸에 쌓여 있던 모든 스트레스와 피로가 또 다른 피로와 섞여 배출되며 날아갈 것 같은 기분이었다.

　독일에서 의대 캠퍼스를 달리고 있으면, 조깅이나 테니스 등에 열중하는 학생들을 자주 만날 수 있었다. 춤을 좋아하는 사람은 춤을, 노래를 좋아하는 사람은 노래방에 가서 노래를 부르는 것을 추천한다.

　공부의 효율이 오르지 않는 최악의 상태마다 달리던 습관이 반전을 불러왔다. 책상 앞에만 있느라 운동 부족 상태였던 나의 체력이 좋아진 것이다. 체력이 좋다는 것은 내 몸이 스트레스나 질병을 이겨내는 자생력을 가진 것과 마찬가지다. 같은 질병도 누군가는 크게 앓으며 힘들게 지나가고, 누군가는 가벼운 감기처럼 쉽게 지나가지 않던가.

그런데 체력이나 공부의 효율이 떨어지는 것보다 더 무서운 것이 있다. 우리 자신을 근본부터 흔들 수 있는 '우울증'으로 이어질 때다. 설마 내가 우울증에 걸리겠어? 누구나 방심한다. 어둠 같은 존재인 우울증은 우리 마음에 아주 작은 균열만 보여도 안개처럼 스며든다. 과거 몇 년간은 비행기를 탈 때마다 테러리스트와 함께 타길 바란 적도 있었다. 그때는 내가 우울증인지 몰랐다.

'이렇게 날씨가 좋은 날, 남들은 모두 즐겁게 친구들과 놀고 있는데 난 지금 뭘 하는 거지?'

'왜 나만 공부하고 있지?'

'대체 언제까지 이 짓을 해야 해?'

'이렇게 공부하면 의사가 되긴 되는 걸까? 된다면 그게 언제쯤일까?'

'안 되면 어떻게 하지? 어차피 안 될 거 힘들게 공부하면 인생만 낭비하는 거잖아!'

부정적인 생각이 꼬리에 꼬리를 물고 다가오는 불안은 잘생긴 얼굴의 악마가 분명하다. 묘한 중독성이 있어 쉽게 빠져나올 수 없어서다. 하마터면 강철 멘탈인 나도 홀릴 뻔했다. 어느 순간, 다행히 차가운 물을 뒤집어쓴 것처럼 정신이 들었다.

나는 인생을 건 공부를 시작했다

뒤도 돌아보지 않고 방을 나선 후에는 식빵 한 봉지와 필기 노트를 들고 캠퍼스 안 호숫가를 찾아갔다. 따뜻한 햇살을 받으며 벤치에 앉아 공부할 참이었다.

식빵은 잘게 찢어 호수 위를 떠다니는 오리에게 던져 주었다. 신기하게도 뒤뚱뒤뚱 우스꽝스럽게 달려오는 오리들이 내 마음 속 어두운 그림자마저 먹어 치웠다.

어두운 심리 상태가 육체적 질병을 불러오는지, 육체적 질병이 마음을 어둡게 하는지 의사인 나도 정확히 알지 못한다. 심리적 요인과 육체적 요인이 메아리처럼 서로 공명하며 영향을 주는 것은 알고 있다. 몸이 아프면 약을 먹듯, 마음이 아플 때는 숨거나 피하지 말자. 나의 목표와 목적이 삶을 피폐하게 만들고 옥죄어 오는 것은 육체라는 시스템에 과부하가 걸렸다는 증거다.

컴퓨터나 스마트폰이 느려질 때 껐다 켜는 것처럼, 나의 몸도 리부팅 하자. 머물러 있던 공부방이나 도서관을 떠나 밝은 기운이 넘치는 곳에서 에너지를 충전하자. 좋아하는 영화를 보고, 음악을 듣거나, 운동을 하는 것도 추천한다. 좋은 친구들과 맛있는 식사를 하며 수다를 즐기는 것도 좋은 방법이다.

공부하지 않는 시간 동안 불안해할 필요 없다. 컴퓨터나 스마트폰을 재부팅하는 시간은 대략 1~2분, 효율이 떨어진 자신을 재부팅하는 시간은 고작 하루 혹은 반나절이다. 2주에 한 번이나 한 달에 한 번 주기적으로 반복한다고 해도 성공에 이르는 긴 과정을 고려했을 때 그리 많은 시간을 할애하는 것이 아니다. 공부로 성공한 사람들이 쉬지 않고 자신을 몰아세우기만 했다는 이야기는 들어보지 못했다.

마지막으로 나의 리부팅 방법을 몇 가지 더 소개한다.

1. 동기 부여가 되는 밝은 분위기의 영화 보기

누구나 좋아하는 장르가 있을 것이다. 영화를 보거나, 보지 못했던 드라마를 몰아서 보는 것도 괜찮다. 기왕이면 어둡지 않은 분위기의 밝은 영화를 감상하여 기분을 전환하자. 〈악마는 프라다를 입는다〉, 〈금발이 너무해〉, 〈코요테 어글리〉, 〈인턴〉, 디즈니 영화 〈라푼젤〉 등이 내가 즐겨 보던 영화다.

2. 평소에 가볍게 즐길 수 있는 취미 활동

가까운 거리의 당일치기 여행, 독서, 전시회 관람, 좋아하는 물건 모으기 등을 한다. 단, 명확한 선을 긋고 나의 목표에 방해되지 않는 선에서 해야 한다.

나는 인생을 건 공부를 시작했다

3. 자신에게 중간 보상을 하되, 목표를 달성했을 때 선물을 풀어보자.

공부를 하다 보면 술을 마시고 싶을 때가 있다. 하지만 그때마다 술을 마시면 내 모든 계획이 망가져 버린다는 것을 알았기에, 마트에서 장을 볼 때마다 맥주 한 병씩 사오는 것으로 마시고 싶은 마음을 달랬다. 그러다 보면 시험이 끝난 날에는 작은 냉장고에 맥주들이 한가득 들어 있었는데, 그날은 나만의 파티를 즐겼다.

2
공부의 목적과
이유를 기억하라

'아는 것이 힘'이라고 하지만, 대체 왜 우리는 일상생활과 무관할 것 같은 물리학 법칙을 배우고, 3차 방정식 문제를 풀면서 두통을 앓아야 할까? 이런 지식이 과연 힘이 될까? 세상의 모든 지식이 대한민국의 대학수학능력시험 문제 출제를 위해 존재하는 듯한 착각은 공부하기 싫은 고3만의 것은 아닐 것이다.

비록 난이도를 조절했다고는 해도, 세상의 모든 시험 문제는 일상에서 쓸모없어 보이는 '지식'을 망라한다. 공부해야 할 사람은 첩첩산중이라는 느낌을 지울 수 없으니 대학을 '상아탑'이라고 한 것이 그 때문은 아닐까 싶을 때도 있다. 물론 '가장 아름답고 가장 소중한 것'이라는 뜻으로 '진리를 추구하는 대학'을 비유하는 표현이지만.

난 지식이 생명력을 가졌을 때 지혜가 된다고 생각한다. 머리로만 알고 있는 지식이 우리의 삶과 만나 유용해지는 순간 생명력을 갖게 된다.

물리 시간에 배운 '마찰력'을 떠올려보자. 일상과 무관할 것 같은 마찰력은 주방에서 고무장갑을 만나 설거지할 때 그릇을 깨뜨리지 않는 지혜가 됐다. 고무장갑의 겉면에 오톨도톨하게 돌기가 표면적을 넓게 하여 마찰을 높이고 그릇을 잡았을 때 떨어뜨리지 않게 도와준다. 의심스러운 사람은 고무장갑을 뒤집어 사용하면 그 차이를 알 수 있다.

이렇듯 삶에서 필요한 것은 지식을 기반으로 하는 지혜다. 특히 과학은 현재의 문명을 가능하게 만들었고, 과거를 짐작하게 하며, 미래로 나아갈 방향과 가능성을 제시한다. 역사도 마찬가지다. '역사를 잊은 민족에게 미래는 없다'라는 말처럼, 과거를 알아야 현재의 디딤돌로 삼고 더 발전된 미래를 맞이할 수 있다.

"그럼 과학자 될 사람만 물리를 배우면 되지, 왜 나까지 공부해야 될까요?"

공부하기 싫은 누군가는 이렇게 물을 수도 있다. 난 이 대답을 우리가 가진 '가능성'에 있다고 말하고 싶다. 음악가, 과학자, 운동선수, 외교관, 영화배우, 요리사 등 한 사람의 재능과 적성은 언제 어떻게 발현될지 모른 채 잠재되어 있다.

자신이 어떤 재능을 갖고 있고, 미래에 무슨 일을 하는 사람이 될지 확신하는가? 설령 미리 알고 준비한다고 해도 공부는 다양한 가능성을 뒷받침해주는 기틀이 된다.

그림을 좋아해서 디자이너가 되고 싶었던 내가 의사가 될 줄은 나도 몰랐다. 또한 많은 사람들의 사랑을 한몸에 받는 아이돌이나 축구선수 손흥민에게도 필요한 공부가 있고, 조물주 위에 존재한다는 건물주도 부동산 임대법을 알아야만 실패하지 않는다.

축구만 잘해도 멋질 손흥민이 통역사를 동반하고 인터뷰하는 모습을 본 적이 없다. 방탄소년단은 쉴 때 독서를 하고, 미술작품 감상을 하는 등 무궁무진한 에피소드로 전 세계 아미들에게 선한 영향력을 끼쳐 공부하게 한다.

그러니 '공부'에 의문을 품지 말자. 더 나은 나, 더 큰 삶의 무대를 만들어주는 것이 공부의 힘이다. 당신의 꿈이 공무원이든 군인이든 그 무엇이라 해도 더 나은 인생을 살기 위한 밑거름이 '공부'라는 것을 의심하지 말자.

나는 인생을 건 공부를 시작했다

공부하지 않아도 성공할 수 있는 세상은 예전에 끝났다. 지식은 세상을 변화시키는 힘을 갖게 하고, 당신을 주인공으로 만든다. 변화를 주도하는 사람이 되거나, 변화에 끌려가는 사람이 되거나 둘 중 하나다. 적어도 자신의 삶은 자신이 변화시켜야 하지 않을까?

두려움을 뚫고 전진하기

"변화를 두려워하면 안 돼. 변화하면서 살아. 아빠는 한나가 세상의 긍정적인 변화를 이끄는 사람이 되었으면 좋겠어."

아빠는 내게 이렇게 멋진 말을 남기셨다. 80억 인구가 살아가는 지구, 5천만 명이 살아가는 대한민국에서 긍정적인 변화를 이끌어가는 사람이라니… 내가 그런 영향력을 발휘하는 사람이라면 얼마나 멋진 일일까?

사업 침체로 가족들이 어려움을 겪어야 할 때나 다시 재기에 성공하며 역경을 이겨냈을 때를 돌이켜 보면, 아빠는 분명 변화를 두려워하지 않고 묵묵히 당신의 길을 가는 분이셨다. 그래서였는지 엄마와 나도 크게 마음을 다치지 않고 힘든 시간을 이겨낼 수 있었다. 그런데 내가 독일 유학을 고집하며 부모님을 설득할 때, 예상치 못한 아빠의 모습과 마주쳤다.

"네가 독일에서 2주를 버티면 내 손에 장을 지진다!"

변화를 두려워하지 말라고 가르치시던 모습은 온데간데없고, 성인이 된 딸을 유학 보내기 싫어하는 고집불통 아빠의 모습을 믿을 수 없었다. 그 고집이 딸을 걱정하는 마음 때문이었는지, 풍족한 유학자금을 줄 수 없는 어려운 형편 때문이었는지는 알 수 없다. 설마 돈이 그 이유였다고는 생각하지 않지만, 유학을 가고 싶었던 나의 눈에는 아빠의 고집과 반대가 서럽고 억울하기만 했다.

"내가 그림을 좋아해서 그림하고 싶을 때도 반대! 길거리 캐스팅을 받았을 때도 반대! 다른 것도 아니고 내가 유학 가서 공부하고 의사가 되겠다는데 그것도 반대!"

아빠와 술 한잔 마시며 허심탄회하게 이야기 나누고 싶었다. 하지만 극구 반대하는 아버지의 고집 앞에서 그동안 가슴에 맺혔던 서운함이 기어코 터져 나왔다. 내가 성장하면서 경험한 아빠의 '반대'는 모두 나의 미래와 관련된 것이었고, 번번이 당신의 고집대로 뜻을 굽혀야만 했다. 이제 내가 어렵게 결정한 유학마저 반대하는 아빠에게 나 역시 강한 어조로 맞섰다.

돌이켜 보면, 정말 무모한 일이었다. 그때는 아빠의 반대가 서운하고 화가 났지만, 자식을 독일까지 유학 보낼 형편이 아니라

　　　　　　　나는 인생을 건 공부를 시작했다

는 것은 알고 있었다.

"처음에만 아빠가 도와줘. 그럼 내가 나머지는 알아서 할 수 있어. 꼭 의사가 되어 돌아올게. 믿어줘. 약속할게!"

남들처럼 유학원을 통하지 않고, 스스로 유학지와 대학을 선택하고 결정했지만 자신 있었다. 어학연수는 대학에서 운영하는 학원으로 결정했다. 학원비가 저렴해서 유리했다.

말이 통하지 않는 나라로 최소한의 비용만 들고 유학을 떠난다는 것은 쉬운 일이 아니다. 솔직히 다시 하라고 누군가 등을 떠민다면 쉽게 결정 내리지 못할 것 같다. 그러나 그때의 나는 어려서인지 무서움이 없었다. 결국 엄마가 나서서 간절하게 부탁하는 나의 마음을 응원하며 그만 보내주자고 아빠를 설득했다.

독일에 도착하고 3주 만에 인터넷이 내 방에 설치가 되었다. 부모님, 한국 친구들과 드디어 연락할 수 있다는 부푼 마음으로 네이트온 메신저를 켰다.

"힘들면 들어와라, 괜찮아."

아빠에게 온 첫 메시지였다. 목소리로 듣지 않아도 세상의 애잔함이란 애잔함을 모두 끌어모은 듯 따뜻한 한마디에 하마터면 녹아내릴 뻔했다.

"안 가!"

포기하고 돌아가는 것은 있을 수 없는 일이었다. 하지만 자식을 걱정하는 아빠의 진심을 알기에 그동안의 고생을 잊고 웃음이 터져 나왔다. 변화를 두려워했다면 분명 도전하지 못했을 것이다. 어쩌면 그동안 가족들과 겪은 온갖 고생 덕분에 웬만한 어려움에도 끄떡없는 마음의 굳은살이 생겼는지도 모르겠다. 시련은 사람을 단단하게 만드는 장점이 있으니까.

나만의 이유 찾기

————

의사가 된 이후에도 쉴 새 없이 새로운 일을 시작하자, 좀 이상해 보였는지 주변에서는 가끔 내게 묻기도 했다.

"왜 이렇게까지 열심히 사니?"

여러 개의 직업을 갖는 것이 점점 당연해지고 있는 시대이고, 미래 학자들 또한 앞으로는 평생 5~6개의 직업을 가지고 살게 될 것이라고 말한다. 나 또한 평생 한 가지 일만 하면서 살아야 할 필요가 없다고 생각한다.

'좋아하는 일'과 '하고 싶었던 일'이 합쳐지면 인생을 바꿀 정도로 큰 시너지가 생긴다. 다양한 분야를 넘나들다 보면 경계와 한계가 허물어지게 되고, 정해진 틀에서 벗어나 더 탁월한 방법과 아이디어가 샘솟게 된다. 웹툰을 그리는 변호사, 커피를 파는 약사, 유튜브를 운영하는 마케터 등 우리 주변에 이러한 삶을 살고 있는 사람은 이미 많다.

지금 당장은 공부로 성공하고 바라는 위치까지 올라서는 것이 꿈일 수 있지만, 이루고 난 뒤에는 또 다른 꿈이 생긴다. 어떤 꿈이라도 그렇다. 목표는 늘 존재하고, 성공 뒤에 사라졌다가 그 순간 다시 생기기 마련이다. 목표 달성을 했다고 해서 그걸로 끝나는 것이 아니라는 의미다.

헛된 욕망이 아닌 진정한 꿈과 그 너머 새로운 꿈에 도전하며 변화무쌍한 삶을 살고 싶었던 나는, 늘 나의 무대가 아주 넓었으면 좋겠다는 생각을 했다.

무엇이든 할 수 있는 사람, 다양한 경험과 가치를 실현할 수 있는 길은 공부가 기본이 되었을 때 가능하다. 동시에 나를 발전시키는 가장 쉬운 방법 중 하나가 공부이기도 하다.

해야만 하는 공부는 낙오자를 만들고, 하고 싶은 공부는 승자를 만든다. 지금 당신의 머릿속에 어떤 목표가 세워져 있는지를 상기하자. 바로 그 목표가 오늘 공부의 이유니까.

3

꿈이 없다고?
언제까지 그렇게 살 거야?

병원을 개원하면서 함께 일할 가족을 구하고, 반가운 마음으로 그들을 처음 만날 날을 기다렸다. 입사 서류를 검토하고, 면접을 보는 자리였다. 하지만 기대와 다르게 마음이 움직이지 않았다. "꿈이 있나요?"라는 질문에 대부분 "없다"라는 답변이 돌아왔다.

'꿈이라고 하니 거창한 걸 생각했나? 어떻게 그럴 수 있지?'

'그냥 먹고사는 건가?'

무려 90% 이상의 지원자들로부터 같은 대답을 듣고 보니, 의아한 생각이 들었다. 그들 중 일부는 나름대로 변명하려 애썼다.

나는 인생을 건 공부를 시작했다

"먹고살기 힘들어서요."

"요즘 같은 시대에 꿈 있는 사람이 몇이나 있겠어요?"

"제가 꿈을 가질 수 있을 정도로 넉넉한 환경에서 태어나질 못했어요."

내색하지는 않았지만, 솔직히 말하면 탈락이었다. 나는 겉모습이 아닌, 삶 자체가 멋진 사람이 되기 위해 매일 노력하는 사업주다. 그런데 이런 나와 함께할 직원이 꿈이 없다면 서로 피곤해진다. 일하는 곳은 조직이고, 같은 조직에서 일하는 사람들은 서로 영향을 주고받으므로 생각의 결이 같아야 더 나은 방향으로 함께 나아갈 수 있다.

"꿈이 있나요?"라는 질문에 "없는데요"라는 대답 외에 다른 대답을 한 지원자가 없었던 것은 아니었다.

"돈 많이 버는 거요."

"실장까지 올라가서 병원 경영에 참여하는 거요."

적어도 이런 대답을 하면 서로에게 시너지를 낼 수 있는 조력자가 될 수 있다.

돈을 많이 벌고 싶다면, 어떻게 일을 해야 하는지 어떠한 선택을 해야 하는지에 대한 힌트를 줄 수 있다. 병원 경영을 배우고 싶다면, 기꺼이 도울 수 있다. 함께 일하는 그들이 원하는 삶의 방향으로 나아갈 수 있도록 하는 것이, 내가 할 수 있는 최선의 일이다.

이렇게 서로가 신뢰를 쌓고 말이 아닌 행동으로 보여주면, 조직의 구조는 단단해질 수밖에 없다. 그러면 일을 할 때 즐거운 분위기까지는 아니어도, 갑자기 일을 놓아버리고 싶거나 충동적으로 퇴사를 결심하게 될 때 다시 한 번 생각하게 되는 힘이 된다. '꿈'이라는 공통의 키워드로 그들과 내게 기회가 생기는 것이다.

사회가, 환경이 꿈을 갖지 못하게 만들었다고? 이건 더욱 이해가 되지 않는다. 이런 변명을 기준으로 본다면, 조부모님 세대는 평생 꿈이 없어야 한다. 일제강점기를 견뎌 낸 세대, 전쟁으로 무너진 이 땅을 다시 일구어 내야만 했던 세대에게 정말 꿈이 없었을까? 혹독한 IMF의 위기를 넘긴 세대인 부모님은 말씀하셨다.

"무슨 소리야. 그때가 지금보다 더 어려웠지. 그래도 잘 살아보겠다고 다들 얼마나 열심히 했는데……."

가난은 절대 물려주지 않겠다고 지문이 닳도록 일하셨던 우리 부모님 세대는 자식들의 행복이 꿈이었다. 끼니를 걱정했던 시절과 이름도 낯선 맛있는 음식 사진이 SNS에 넘쳐나는 지금, 동네 개울가에서 수영하던 것이 피서였던 시절과 비행기를 타고 해외의 고급 리조트를 찾아 떠나는 지금이 아무리 생각해도 더 좋은

나는 인생을 건 공부를 시작했다

세상이다.

꿈이 없다는 그들의 모습이 머릿속에서 지워지지 않는다. 예쁘게 알록달록 네일아트를 받은 길고 고운 손가락을 가진 그녀들, 자연스러운 메이크업으로 화사한 얼굴을 하고 있던 그녀들, 원하는 공부를 마치고 대학을 졸업하여 취업에 나선 그들에게는 대체 왜 꿈이 없는 것일까?

시기심 대신 원하는 것을 꺼내라

"행복하게 살고 싶어요."

새 직원을 뽑는 면접에서 한 지원자가 이렇게 말했다. 꿈이 없다는 지원자들에게 크게 실망하던 중에 듣게 된 대답이었다. 누군가 자신의 꿈을 이야기할 때, 그 대답에 따라 그의 지난 삶과 가치관이 보인다. 열악한 가정환경과 기울어진 운동장 같은 사회를 탓하며 부정적으로 말하는 사람들은 함께하는 나조차 마음이 무거워진다.

나는 자신의 꿈을 장래희망이나 직업을 말하지 않고, 삶의 가치를 중요하게 여기며 '어떻게' 살고 싶다고 말하는 사람이 좋다.

그래서 '작은 것에서 행복을 느낄 수 있는 삶을 꿈꾼다'는 지원자의 대답이 우리가 함께 일하는 시간을 기대하게 했다.

채용 의사를 비치며 희망 연봉을 물었을 땐 더 놀라운 대답이 돌아왔다. 아직 자신에 대해 모르니 3개월간 최저임금으로 지급하다가 그 이후에 결정해달라는 이야기였다. 놀라지 않을 수 없었다. 세상의 어느 누가 자신이 낮게 평가되는 것을 좋아할까. 보통은 "잘할 수 있습니다. 최선을 다하겠습니다"라고 말하며, 자신이 가진 것보다 더 좋은 대우를 받고 싶어하는데, 자신은 결국 좋은 평가를 받을 수 있다는 자신감이 있기 때문이었을까?

물론 말 한마디로 그녀의 전체 모습을 판단할 수는 없다. 사람과의 관계는 그 끝을 알 수 없는 미로 같지 않은가. 그녀와의 끝이 어떨지 모르지만, 그래도 꿈이 없다는 말보다 꿈이 있는 그녀가 좋아 보였다.

"만약에 금수저였어도 똑같이 20대를 공부에 다 투자해서 의사 하셨을 것 같나요?"

어느 날 유튜브 영상에 댓글로 질문이 올라왔다. 대답을 고민할 필요도, 길게 생각할 이유도 없었다.

"네, 꿈과 돈은 별개 아닌가요?"

자신이 금수저였다면 자신은 인생을 공부에 투자하지 않았을 거라는 의미일까? 아무리 생각해도 금수저인 것과 공부를 따로 생각할 수 없었다. 요즘 청년들이 돈 많은 금수저들의 일상과 꿈을 어떻게 생각할지 모르겠지만, 금수저들은 20대에 더 많은 공부를 하며 보내고 있다.

어릴 때부터 과외든 학원이든 체계적으로 교육을 받고, 대학에 입학하면 유학을 가서 글로벌 교육과 경영 수업도 받는다. 공부하지 않고 부모의 기업을 물려받거나, 창업하는 것으로 생각한다면 정말 오산이다. 아무리 부모라도 그 큰 사업을 아무것도 모르는 빈 깡통인 자식에게 물려주고 싶을까. 물려받을 만한 큰 그릇을 만들기 위해서 더 많은 교육을 받으며 공부한다는 것을 정말 모르는 것일까?

"그가 금수저로 태어나지 않았다면 성공하지 못했을 거야."

"우리 집도 돈이 많았으면 저 정도는 나도 했을걸?"

하지만 금수저를 부러워하는 사람들은 이런 말로 상대를 깎아내리기도 한다. 솔직히 말하면, 근거 없는 자신감에 속한다. 아무리 부러워도 그들의 성공이 공짜라고 생각하면 곤란하다. 그 어떤 성공도 노력하지 않고 돈으로 살 수 있는 것은 없다. 그들이 살 수 있는 것은 단지 '기회'일 뿐이다.

차라리 그들이 부유하기 때문에 평범한 청년들에 비해 쉽게 얻게 되는 '기회'를 부러워해야 한다. 만일 내가 금수저였다면, 단돈 500만 원을 들고 독일까지 날아가 어렵게 공부하지 않았을 것이다. 유학원을 찾지 않고 혼자 발로 뛰며 어렵게 정보를 모으는 수고도 할 필요 없었다. 의사가 되기 위해 나만의 공부법을 찾을 이유도 없이 훌륭한 과외 선생이나 값비싼 어학원에 등록하여 편하게 공부했을 것이다.

일부 사람들은 보이는 것에만 치중하고 내면을 중요시하지 않는다. 명품 가방과 시계를 가진 사람은 부러워하며 아르바이트로 모은 돈을 모두 쓰기도 한다. 그들처럼 먹고 마시고, 삶을 즐기며 워라밸을 찾기도 한다. 현재의 워라밸보다, 그것을 누려도 될 정도의 능력을 갖기 위해 노력이 필요한 시기가 지금이라는 것을 모르는 것은 아닐까?

이렇게 상대적 박탈감과 비뚤어진 시기심으로 우울한 청년들이 꿈마저 없다고 할 때 안타깝다. 사회가 이러니까, 난 흙수저니까, 어차피 노력해도 안 될 거니까라는 그들의 핑계가 허탈하기까지 하다. 할 수만 있다면, 이들에게 함께 노력해보자고 격려하고 응원해주고 싶었다. 그래서 유튜브로 끊임없이 청년들을 자극하고 동기 부여를 해주기 위해 애쓰고 있다. 하지만 가끔 이런 댓글이 달리기도 한다.

"노력도 재능이더라."

"잠을 안 자면서 공부하는 것도 네가 잘한 게 아니야. 그런 체력을 물려주신 부모님에게 감사해라."

자신들의 게으름을 합리화하기 위해 하는 말인 걸까? 노력도 재능이라고? '열심히'라는 기준은 사람마다 다르다.

'할 만큼 했다'는 기준이 A에게 하루 6시간을 자면서 공부하는 것이라면, B에게는 하루 4시간을 자면서 공부하는 것일 수 있다. '공부하다가 쉰다'는 기준이 A에게 불을 끄고 침대에서 편안하게 자는 것이라면, B에게는 푹 잠들어 일어나지 못할까봐 불을 켜고 책상에서 쪽잠을 자는 것일 수 있다. '후회하지 않을 정도로 노력해봤다'는 기준이 A에게 하루이틀 날을 새고 공부하는 것이라면, B에게는 체력이 바닥나 기절할 때까지 공부하고 병원에서 눈을 뜨자마자 책을 펴는 것일 수 있다.

맞다, 노력도 재능이다. 그렇다면 나태함과 게으름, 자신의 합리화를 옹호하는 것 역시 재능이 아닐까? 스스로 평가했을 때 '인생을 걸었다'는 말 외에 설명이 되지 않을 정도로 노력해봤는가? 아무도 모른다. 오직 자신만이 그 대답을 안다.

'다른 사람들에게 내가 한 노력을 알아달라고 엄살 부리는 건

아닌가?'

'나에게 '열심히'라는 기준의 잣대가 명확하지 않아, 열심히 했다고 착각하는 건 아닐까?'

'이게 내가 할 수 있는 최선이었나?'

매일 내 자신에게 묻는 질문들이다. 당신에게도 이러한 질문들이 도움이 되지 않을까?

공부하자, 꿈이 생길 수 있게

———

약 300만 년 전에 생존했던 것으로 추정되는 '오스트랄로피테쿠스'는 인류냐 아니냐 논란이 많았다. 그러나 이들이 사용한 석기가 발견되면서 문화가 있었다는 증거가 되어 인류로 인정받았다고 한다. 뇌의 크기가 고릴라보다는 크지만 현재 인류의 3분의 1밖에 되지 않는 오스트랄로피테쿠스는 '남쪽의 원숭이'라는 뜻이다.

인류라기보다 원숭이에 가까웠던 이들도 도구를 사용했다니 신기하고 재미있다. 소규모 집단으로 단체 생활을 하며 언어가 없어 서로 몸짓이나 괴성으로 소통했을 이들은 꾸준히 도구의 사

나는 인생을 건 공부를 시작했다

용법을 익히고 학습하여 다음 세대에 전했다. 나만 잘 살자는 이기적인 생각이 아니라, 세상을 이롭게 하는 행동이었다. 우리가 한때 교실에서 급훈으로나 접했을 '홍익인간弘益人間'의 이념을 우리보다 뇌가 매우 작았던 그들이 본능적으로 먼저 실천한 것이다.

"해 봐! 너도 할 수 있어!"

선지자 유인원은 이런 뜻으로 꽥꽥 소리를 지르며 다른 유인원에게 시범을 보이지 않았을까? 인류는 지금까지 그렇게 진화했다. 나무 수레가 우주선이 되기까지, 나무는 구리에서 철로, 철은 또 플라스틱이나 티타늄 같은 더 견고한 소재로 바뀌며 끝없이 발전하고 있다.

지금도 우리는 개인의 영달은 물론이고, 반도체와 AI를 사용하며 우주선을 쏘아 지구를 닮은 어느 행성으로의 이주를 꿈꾼다. 꿈이 없었던 시절은 단 한 순간도 없었다. 모두 '더 나은 삶'이라는 꿈이었다.

세계 곳곳을 갈 수 있게 해주는 비행기, 구정물에 손을 담그지 않게 해준 식기세척기와 세탁기도 그렇게 만들어졌다. 지금 우리가 누리는 모든 것이 꿈이라는 대가를 치르지 않고 그냥 얻어진 것은 없었다. 만약 인류가 꿈을 꾸지 않았다면 어땠을까? 배가 고프면 먹고, 졸리면 자는 삶이었다면 동물과 무엇이 다를까?

꿈 혹은 희망이 무엇이 되고 싶다거나, 갖고 싶은 물건으로 한정되면 의미가 없다. 꿈과 희망이 '동사'로 끝날 때 삶의 방향을 잡아주기 때문이다. 한정판 운동화를 신은 사람이나 명품백을 들고 있는 사람이 멋있고 부러운가?

나는 겉모습만 번지르르한 것이 아닌, 삶 자체를 멋있게 살고 싶다. 그래서 확고한 가치관을 가지고 주도적으로 살아가는 사람을 존경한다. 진짜 멋진 사람은 자신이 내린 선택에 대해 끝까지 책임질 수 있는 사람, 경험하게 될 모든 변화를 받아들이고 적응할 수 있는 사람, 나태하지 않고 일에 프로의식을 가진 사람이다.

나의 다시 오지 않을 청춘을 공부로 보낸 이유는 바로 이런 꿈 때문이었다. 공부가 지금의 나를 만들었다. 꿈을 이룰 능력만 만든 것이 아니라 또 다른 꿈을 찾아갈 힘도 주었다.

오늘, 지금, 이 순간! 꿈이 없다며 금수저로 태어나지 못한 것을 안타까워하는 사람, 내가 성공하지 못한 것은 사회와 환경 때문이라고 탓하는 사람, 어차피 해봤자 소용없으니까 미리 자포자기 하는 사람에게 궁금하다. 꿈을 갖기 위해 어떤 노력을 어디까지 해봤을까? 언제까지 그렇게 살 텐가?

나는 인생을 건 공부를 시작했다

4

성공은
오직 행동하는 사람의 몫이다

썼다. 그리고 지웠다. 어느 순간부터 자신감에 대해 말하고 있
는 내가 앵무새처럼 보였고, 그렇게 완성된 원고는 더 이상 내 목
소리처럼 느껴지지 않았다. 공부법을 포함하여 성공에 관한 모든
책에서 자신감을 가져야 한다고 말한다. 대체 자신감이 뭐길래
모두들 성공의 필수요건인 듯 이구동성으로 강조하는 것일까? 나
조차도 그렇게 말하는 것이 성공에 목마른 다른 사람들에게 과연
도움이 될지 의아했다.

'열정으로 무장한 꿈을 가지면 성공을 장담할 수 있을까?'

호기롭게 글을 쓰던 내가 멈출 수밖에 없던 이유는 바로 이런 의문 때문이다. 하필이면 이제 막 시작된 폭염 속에서 그보다 더 뜨거운 열정으로 써야 할 '자신감' 이야기는 뭔가 설득력이 부족했고, 책을 쓰는 것이 공부보다 더 어렵다고 느끼게 했다.

이유를 찾으려고 곰곰이 생각해보았다. 나는 정말 자신감 넘치는 사람이었을까? 문득 지난 시간을 돌아보니 나는 언제나 '그냥' 했다는 것을 깨달았다. 내가 해야 할 일이라서 했고, 내가 이루어야 할 꿈이라서 했다.

지금도 마찬가지다. 살면서 새로운 목표가 생기면 난 앞뒤 돌아보지 않고 '그냥' 한다. 부정적인 생각으로 망설이거나 고민하지도 않았다. 그런 내게 성공할 자신이 있었냐고 누군가 묻는다면, 글쎄다. 성공할 수 있다는 자신감이란 곧 미래를 확신한다는 뜻인데, 모든 불확실성을 과감히 지우고 100% 가능하다고 주장하는 것은 무리 아닐까?

누군가 의사가 된 비결을 묻는다면 '나는 아직 실력이 부족하다'는 불안감에 더 공부에 매달렸다고 말해야 맞다. 그러니 내게 자신감이 가득했다고 말한다면 거짓말이다. 독일 유학 생활뿐만 아니라 한국에서 보낸 학창 시절 동안 늘 같은 마음이었다. 시간이 흘러 힘들었던 공부가 끝나고 목표인 의사가 되었을 때, 비로

나는 인생을 건 공부를 시작했다

소 결국 해냈다는 보람이 찾아왔다. 만약 내가 늘 결과를 확신하고 장담했다면 그렇게 기쁘고 행복하지 않았을 것이다.

원고를 채우지 못하고 하염없이 시간만 흘러가는 날이 계속되다 머리를 비울 겸 지인들과 만나 시간을 보냈다. 서로 안부를 물으며 대화하던 중 나의 소식에 지인들이 이구동성으로 외치는 한마디가 있었다.

"진짜? 이한나 추진력 장난 아니다!"

"맞아! 한나는 추진력 빼면 시체지."

친구들 사이에서 나를 표현하는 말이 '추진력'이 되어 있었다. 그 순간 꽉 막혀 있던 머릿속에 번개가 스치고 지나간 것 같았다.

'맞아. 난 생각만 하지 않고 항상 행동했어!'

앞을 볼 수 없는 짙은 안개가 순식간에 머릿속에서 사라지며 내 자신감의 정체가 무엇인지 비로소 깨달았다. 나는 지금껏 생각에서 멈추지 않고 실천했으며, 결과를 장담하지 않고 부족한 나를 채우기 위해 바삐 움직였다. 내가 가진 자신감은 그런 나에 대한 믿음이었다. 설령 긍정적인 결과를 장담했어도 충분한 노력을 하고 있었기에 가능했다.

삶의 모든 순간에서 그랬다. 하나의 목표를 이루면 또 다른 목표가 생기고, 그럼 나는 돌아보지 않고 시작한다. 결과가 아니라

원하는 목표를 향해 흔들리지 않고 꿋꿋이 나아가고, 원하는 성과를 내기 위해 최선을 다했다.

설명하기 쉬운 예로 로또 당첨을 들 수 있다. 누구나 간절히 바라는 로또 당첨, 그런데 여기엔 함정이 있다. 당첨이 되려면 확률이 높은 숫자를 고민하여 고르고, 당첨률이 높은 판매점을 찾아가거나, 하다못해 집 앞 가까운 판매점이라도 찾아가 실제 구매하는 '행동'을 해야 한다. 만약 로또 1등 당첨이 꿈인 사람이, 로또를 단 한 번도 사지 않는다면 그 꿈이 이루어질 수 있을까?

물론 '내 꿈은 이루어질 것이다'라는 긍정적인 생각은 필요하다. 하지만 최소한의 노력도 하지 않는다면, 실제로 로또를 사지도 않으면서 1등 당첨을 원한다는 헛소리와 마찬가지다. 아무것도 하지 않는데 이루어지는 꿈이 대체 어디에 있을까? 그것은 자신이 만든 꿈이 아니라 80억 지구인 중에 누구 한 사람이 기적처럼 얻는 행운에 불과하다.

행운은 절대 꿈이 될 수 없다. 또한 행운은 삶의 가치를 반영하지도 않는다. 그런데도 노력으로 성공을 거머쥔 사람들이 "운이 좋았어요"라고 하는 것은 겸손이지, 아무것도 하지 않았다는 뜻이 아니다.

내가 가졌던 '자신감'의 정체를 깨달을 무렵, 유튜브 콘텐츠를 살피다 놀라운 영상을 발견했다. 영화 〈닥터 스트레인지〉에서 조각가 솔 르윗Sol Le Witt이 다른 조각가 에바 헤세Eva Hesse에게 보낸 편지를 주연 배우인 베네딕트 컴버배치Benedict Cumberbatch가 낭독하는 장면이었다.

"다 멈추고, 그냥 해!Stop it and Just do!"

그는 슬럼프에 빠진 에바에게 "그만 생각하고, 걱정을 멈추고, 무서워하거나 상처받지도 말며, 모든 갈등과 혼란을 버리고… 그냥 좀 해!"라고 외쳤다. 영상을 보는 내내 가슴이 두근거렸다.

'아무것도 하지 않으면 아무것도 달라지지 않는다'는 말도 떠올랐다. 지나치게 부정적인 생각과 걱정을 버리고 반드시 행동해야만 원하는 목표에 다가갈 수 있다. 노력하지 않으면서 언젠가 이루어질 것이라 믿는 꿈과 목표는 헛된 욕망이며, 자만일 뿐이다.

세상과 나를 바꾸는 비밀

2022년 여름, 150년 만에 쏟아진 기록적 폭우로 서울에 물난리가 났다. 누군가는 목숨을 잃고, 또 누군가는 물에 잠긴 차 위에 올라가 빗속에서 구조를 기다려야만 했다. 그런데 긴박한 상황속에서도 놀라운 소식들이 들려왔다. 반지하에 사는 이웃을 직접 구조한 시민들과 도로의 빗물받이를 열고 쓰레기를 제거하여 더 큰 수해를 막은 시민들이었다.

"저 사람들과 나의 차이는 뭘까?"

그들은 어떻게 저런 일을 해낼 수 있었을까? 어벤져스 영웅들에서나 볼 수 있을 법한 슈퍼파워가 있어서? 절대 그렇지 않다. 그들이 가진 힘은 우리와 다르지 않아서 힘을 모아 철로 된 방범창을 함께 뜯어낼 수 있었다. 그 곁에서 누군가는 구조를 기다리는 사람에게 끊임없이 말을 걸어 위로했고, 또 누군가는 도구를 가져와 건넸다.

도로의 빗물받이 덮개는 조금만 힘을 쓰면 누구라도 들어 올릴 수 있었지만, 쓰레기의 양은 혼자 걷어낼 수 있는 양이 아니었다. 힘을 합쳐 빗물받이를 청소하자 무섭게 흐르던 빗물이 빠져나가기까지 채 10분도 걸리지 않았다.

이웃집 반지하 주택에 물이 차오르는 걸 보면서 발만 동동 굴렀다면 어떻게 됐을까? 넘치는 물을 보고 빗물받이를 열어 청소하지 않았다면 어떻게 됐을까? 위험한 상황을 알면서도 그들이 행동하지 않았다면 참혹한 결과를 마주했을 것이다. 그런데 이런 행동이 공부와 무슨 상관일까?

"시험 잘 봤어?"

"아니, 나 완전히 망쳤어!"

누구나 한 번쯤 시험을 마친 쉬는 시간에 이런 대화를 나누었을 것이다. 겸손해서 혹은 내숭을 떠느라 잘 봤다고 하지 않을 수도 있다. 하지만 우린 상대의 얼굴만 봐도 안다. 정말 시험을 망쳤을 때 세상을 모두 잃은 그 표정을 어떻게 몰라볼 수 있을까.

시험을 망치는 확실한 이유, 공부하지 않았다는 것 말고 무슨 이유가 있을 수 있나? 공부하지 않았는데 만족스러운 점수를 받는 사람은 없다.

평소보다 시험 문제가 어려웠다는 것은 핑계다. 시험의 난이도는 공부를 잘하는 사람이나 못하는 사람을 구별하지 않고 모두에게 똑같이 적용된다. 그러나 공부를 '한' 사람들은 지식을 바탕으로 정답을 '유추'하는 과정을 거치게 된다. 설명이 너무 어려운가? 한마디로 문제가 어려워도 풀 수 있는 실력이 있다는 소리다. 그래서 공부한 사람들에게는 난이도가 별로 상관없다는 말이 있다. 결국 공부하지 않은 사람, 적당히 공부한 사람만 시험을 보면서 연필을 열심히 굴려댄다.

난이도를 올려 공부한 사람만 정답을 찾을 수 있게 한 것이 불공평하다는 생각이 드는가? 억울하다고 생각할 필요 없다. 당연한 일이다. 실력을 평가하는 시험이 너무 쉬우면 실력을 갖춘 사람을 고르려는 본래의 기능이 발휘되지 않는다. 누군가는 1년 내내 준비하고 다른 누군가는 기출 문제집을 이틀에 거쳐 훑어본 것이 다인데, 둘 다 합격한다면 그것이 더 불공평한 것이다. 또한 벼락치기로 합격한 의사, 변호사, 세무사, 공무원의 실력을 신뢰할 수 있을지도 의문이다.

결론적으로 '위급한 상황에서 피해를 막기 위해 최선의 행동을 하는 사람'과 '중요한 시험을 앞두고 정해진 시험 범위를 철저하게 공부하는 사람' 이 둘 사이의 공통점은 분명하다. 생각한 것, 목표로 한 것, 당시의 상황에 꼭 필요한 것을 고민하지 않고 행동으로 옮기는 것이다. 마음먹은 것을 앞에 두고 절대로 딴짓을 하지 않는다.

열심히 준비했는데 그럼 난 왜 만족할 만한 성적을 얻지 못했느냐 따질 필요도 없다. 공부와 성적의 인과관계만큼 명확한 것은 없다. 하면 된다. 하지 않아서, 덜 했으니 실패한 것이다. 하지도 않으면서 '된다'는 자신감은 도움이 되지 않는다. 맹세코 열심히 했는데 결과가 좋지 않았다? 정답은 당신이 이 책을 읽는 이유에 있다. 공부 방법을 점검하고 자신에게 맞는 방법을 찾자.

나는 인생을 건 공부를 시작했다

최선을 다하지 않은 건 자랑이 아니다

———

"그걸 누가 모르나? 공부해야 하는데, 하기 싫은 마음은 어쩌라고?"

"나도 한다고 했어. 공부하려고 방 청소하고 책상도 정리하니까 너무 피곤한 걸 어떻게 해?"

"공부하기 전에 너무 재미있는 드라마 한 편 본방 사수했을 뿐인데 시간이 훌쩍 가버렸어."

"어차피 밤샘 공부할 거라 친구와 저녁을 먹었는데 술까지 마셔서 그냥 쓰러졌어."

"집중이 잘되지 않아 잠시 누웠는데 잠들어 버렸어."

"날씨가 좋아서 잠깐 친구와 산책하고 나니 하루가 다 갔네."

'D-365' 카운트 앞에서 여유로웠던 우리는 'D-265' 앞에서 점점 심리적 압박을 받기 시작한다. 누군가는 아직 265일 남았으니 괜찮다고 안도할 수도 있고, 또 누군가는 벌써 100일이 지났다고 예보된 멸망 선고를 앞둔 것처럼 떨릴 것이다. 'D-100'이 되면 합격을 위한 당연한 행사처럼 백일주를 마시며 잠깐의 쾌락에 취하기도 한다. 설마 이런 미신을 정말 믿는 것은 아니겠지?

나도 안다. 공부하기 싫은 마음 충분히 이해한다. 세상에 맛집은 왜 그렇게 많고, 여행하기 딱 좋은 곳은 왜 그리 많을까. 신나는 것, 생각만 해도 우리를 아찔한 즐거움 속으로 빠져들게 하는 것은 넘쳐나고, 함께 술잔을 기울여야 할 친구들의 생일도 자주 돌아오고, 재미있는 영화와 드라마는 왜 자꾸 의지를 뒤흔들까. 손에 쥔 휴대폰 하나만으로도 할 수 있는 일과 하고 싶은 일이 수백 가지다.

"아직도 거기 안 가봤어?"

"정말 한 번도 안 먹어봤어?"

"요즘 이게 아주 핫하다고 하던대?"

그리고 우린 대세를 따르지 않았을 때 뒤처진 사람인 양 이런 말을 하기도 하고, 듣기도 한다. 때때로 공부를 미루는 자신을 위로하는 변명이 되기도 하다.

미국의 심리학자 로먼 겔페린Roman Gelperin은 무엇이 인간의 행동을 방해하여 세상에 둘도 없는 게으름뱅이로 만드는지 분석했다. 그에 따르면 '인간은 본능적으로 쾌락을 따르며 불쾌한 것을 멀리한다'는 것이다. 공부를 하려는 사람이 침대가 가까이 있으면 눕고 싶어지지만, 도서관에서 더 공부에 집중이 잘 되는 것이 설명된다. 또한 한창 공부에 몰입하고 있는 다른 친구들을 보며 자극을 받을 수도 있다.

나는 인생을 건 공부를 시작했다

자신감은 최선을 다해 준비한 사람만이 가질 수 있는 특혜다. 준비하지 않는 사람의 '자신 있다'는 말은 자신과 타인을 기만하는 뻔한 거짓말이다.

지금 안 하면 내일도 하지 않는다. 불가피한 경우가 아닌데도 놀기 위해 오늘 일을 내일로 미루기만 하는 사람이 정작 내일이 되었다고 공부하는 것을 보지 못했다.

나는 안 된다고? 저들은 특별하다고? 우린 모두 똑같은 사람이다. 1등도 사람이고, 올림픽 금메달리스트도 사람이다. 성공한 그들과 그렇지 못한 사람들과의 차이는 그들만의 특별함이 아닌, 그들은 했고 다른 이들은 하지 않았다는 것이다. 진짜 자신감은 부단한 노력이 이어질 때 비로소 찾아온다. 하자, 묻지도 따지지도 말고, 제발 그냥 하자! 유일한 방법은 시작하는 것이다.

나는 인생을 건 공부를 시작했다

1판 1쇄 발행 2023년 2월 23일
1판 2쇄 발행 2023년 3월 14일

지은이 이한나(츄발라)
발행인 오영진 김진갑
발행처 토네이도미디어그룹(주)

책임편집 박수진
기획편집 유인경 박민희 박은화
디자인팀 안윤민 김현주 강재준
마케팅 박시현 박준서 조성은
경영지원 이혜선 임지우

출판등록 2006년 1월 11일 제313-2006-15호
주소 서울시 마포구 월드컵북로5가길 12 서교빌딩 2층
원고 투고 및 독자 문의 midnightbookstore@naver.com
전화 02-332-3310 팩스 02-332-7741
블로그 blog.naver.com/midnightbookstore
페이스북 www.facebook.com/tornadobook
인스타그램 @tornadobooks

ISBN 979-11-5851-257-6 (03190)